INSURRECTION DU SUD-ORANAIS EN 1881

BOU-AMEMA

ET LE

COLONEL INNOCENTI

PAR

Le Général INNOCENTI

PARIS
TÉQUI, LIBRAIRE-ÉDITEUR
33, RUE DU CHERCHE-MIDI, 33

1893

LE COLONEL INNOCENTI

INSURRECTION DU SUD-ORANAIS EN 1881

BOU-AMEMA

ET LE

COLONEL INNOCENTI

PAR

Le Général INNOCENTI

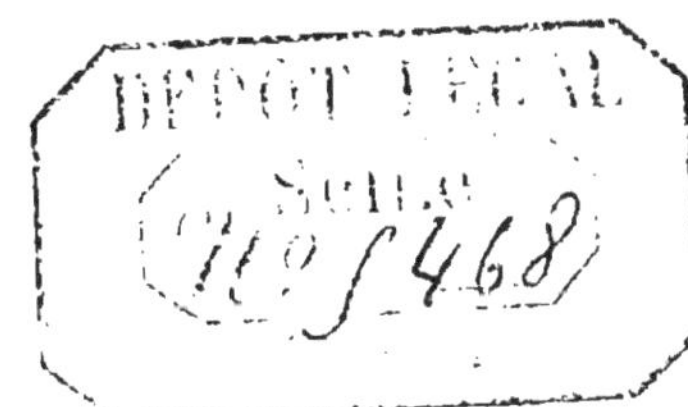

PARIS
TÉQUI, LIBRAIRE-ÉDITEUR
33, RUE DU CHERCHE-MIDI, 33

1893

PRÉFACE

Je fais un appel à tous les hommes de cœur, à ceux mêmes qui m'ont attaqué sur des apparences trompeuses, en les priant de lire jusqu'au bout cette justification que j'écris douze ans trop tard, avec une grande répugnance et qu'on lira probablement sous la même impression en raison de l'obligation pénible où je me trouve, pour sauver ma réputation de soldat, de mettre ma personnalité en avant et de me montrer tel que je suis, tel que j'ai été apprécié par mes chefs pendant toute ma carrière militaire. En pareille matière, il faut tout dire ou ne rien dire; or, j'ai un trop vif désir de me laver de tout soupçon pour ne pas piquer une tête en pleine eau, je dirai tout.

Je ne me dissimule pas que je vais provoquer bien des critiques, des railleries et m'exposer à un odieux ridicule, mais je préfère encore cela au chagrin que j'éprouve depuis douze ans de passer aux yeux de tous ceux qui m'approchent pour un mauvais serviteur de mon pays quand j'ai la conscience d'avoir toujours largement fait mon devoir.

Lors de l'insurrection de 1881 en Algérie, j'ai eu pendant vingt jours, comme colonel du 4ᵉ régiment de chasseurs d'Afrique, le commandement intérimaire d'une colonne dont l'importance comportait pour chef un officier général.

Le général Collignon, malade, s'était arrêté à Géryville, et je le remplaçais en attendant l'arrivée d'un autre général que le ministre de la guerre devait désigner. J'avais l'ordre d'attendre Bou-Amema (ou Bou-Amama suivant le dialecte) et de saisir l'occasion de le combattre sans m'éloigner de Géryville.

Comprenant que Bou-Amema ne viendrait jamais à nous, j'ai demandé et obtenu l'autorisation d'aller l'attaquer à Chellala, à cinq jours de marche dans le sud, où, à la tête de nombreux contingents, il nous bravait et prophétisait la prochaine délivrance de l'Algérie.

J'ai joint Bou-Amema le 19 mai 1881, je l'ai battu et je lui ai infligé de telles pertes que sa colonne n'a plus voulu combattre et qu'après quelques actes de brigandage, elle a définitivement disparu dans l'extrême Sud avec son chef déconsidéré par sa défaite.

L'insurrection était définitivement comprimée, et depuis lors l'Algérie a joui d'un calme parfait.

J'ai reçu pour ce fait de guerre, les félicitations de tous mes chefs directs, du ministre de la guerre, du Président de la République, et j'ai été mis à l'ordre de l'armée d'Afrique.

Après le combat qui a été acharné et très meurtrier, j'ai poursuivi Bou-Amema pendant plusieurs jours, lui offrant encore la bataille qu'il aurait évidemment acceptée s'il avait été vainqueur à Chellala.

Cette fois je n'ai pas été plus heureux que les nombreuses colonnes qui le poursuivaient, je n'ai pu le joindre.

Après avoir fait une importante razzia à Assla, j'ai dû, par ordre, ramener ma colonne vers le Nord pour me ravitailler et remettre le commandement au général Détrie, désigné par le ministre pour remplacer le général Collignon.

Je n'ai jamais reçu de l'autorité militaire que de nombreuses et chaudes félicitations et pas l'ombre d'un reproche, mais en rentrant à Mascara où j'ai pris le commandement de la subdivision en remplacement du général Collignon mis en disponibilité, j'ai été très péniblement surpris de voir que j'étais attaqué avec violence dans quelques journaux de l'Algérie, que notre victoire était considérée comme une défaite et que l'on m'accusait d'imprévoyance et d'incapacité. « J'étais un Corse incapable, gorgé des faveurs de l'Empereur et du ministre de la Guerre, j'avais refusé l'artillerie que l'on m'offrait, je m'étais laissé surprendre par Bou-Amema, j'avais renvoyé les prisonniers en leur donnant de l'argent, j'avais laissé mon convoi en arrière sans le défendre et autres sottises semblables ».

Le plus acharné de ces journaux était le *Petit Fanal*, dirigé par un nommé Bézy, ancien officier de zouaves, chassé de l'armée, comme l'assure la *France militaire* dans le numéro du 17 septembre 1886, qu'une main inconnue m'a fait parvenir par la poste.

« Le citoyen Bézy, dit ce journal, a écrit que « la colonne Innocenti s'était laissée surprendre, « il a menti sciemment. »

L'esprit public, si sujet à l'erreur et aux violents écarts, avait pour se faire une opinion, le choix entre les affirmations de ce journaliste et celles du Président de la République, du ministre de la Guerre et des généraux les plus honorables et les plus dignes, il a naturellement adopté l'opinion de Bézy.

J'ai perdu ainsi quelques amis bien chers qui ont eu la faiblesse de se laisser entraîner par le courant qui m'était hostile et ont refusé d'écouter ma justification.

Par contre, j'ai eu la joie intime et profonde que je ressens encore aujourd'hui de voir tous mes chefs et bon nombre de mes amis les plus estimables se dresser énergiquement contre les indignes et lâches calomnies dont on me poursuivait.

Je mets en première ligne tous mes chefs directs, le général Cérez d'une valeur incontestée, commandant la province, le général Osmont, le brave général Michel loyal et bon entre tous, le général de Galliffet qui ne m'a jamais témoigné le moindre intérêt et qui, spontanément, dans cette circonstance, a éloquemment et chaleureusement pris ma défense après s'être renseigné aux meilleures sources.

Tous mes camarades de l'armée m'ont écrit les lettres les plus affectueuses, mes officiers, mes sous-officiers et mes braves cavaliers qui m'ont toujours témoigné et me témoignent encore journellement beaucoup de sympathie ont redoublé dans cette circonstance d'attentions délicates envers moi. Le colonel Riù dont j'avais apprécié les solides qualités en Afrique et qui était alors commandant militaire du palais législatif s'est fait mon infatigable et éloquent défenseur, M. Guérin, l'interprète du bureau arabe qui a fait la campagne sous mes ordres et qui est mon ami depuis lors, s'est montré parfait, des étrangers enfin, des inconnus m'ont écrit pour protester contre les invectives que l'on me jetait de tous côtés à la face.

Le maréchal Canrobert, le général Bourbaki, le général Chanzy, le général Saussier, les généraux de Miribel, d'Espeuilles, de Kramzel de Kerhué, du Preuil, baron Petit, Friant, Boré-Verrier, de Sonis, L'Hotte, Colonieu, Gand, Détrie, mon successeur dans le commandement de la colonne de Géryville, Dombrat, le général Février, le général Billot qui, devenu ministre, a osé me nommer général de brigade, le général Loizillon, le sympathique ministre de la guerre actuel et beaucoup d'autres ont compris ce que je souffrais dans mon amour-propre de soldat et m'ont tendu la main en gens de cœur.

C'est aussi du fond du cœur que je les remercie et que je leur suis profondément reconnaissant.

Au début du déchaînement presque général qui a eu lieu contre moi, j'ai demandé à mon général de division, le général Cérez, l'autorisation de me défendre en répondant dans un journal aux accusations insensées que l'on portait contre moi.

Il m'a répondu dans une lettre très amicale que j'ai conservée aussi bien que toutes les autres lettres et documents que je signalerai dans ce rapport, qu'il fallait dédaigner ces clameurs, que la vérité ne tarderait pas à se faire jour et qu'il ne pouvait m'autoriser à écrire dans un journal, puisque les règlements le défendent expressément.

Huit jours après, il était, malgré sa haute capacité et de très grands services rendus à la colonie, rappelé en France pour satisfaire l'opinion publique et mis en disponibilité !

Le général Osmont, commandant le XIXe corps d'armée, a eu le même sort pour le même motif.

Je me suis adressé au Gouverneur, Monsieur Albert Grévy, lui envoyant un long rapport sur mon expédition et le priant de protester en ma faveur.

Il ne m'a pas répondu, il était frappé lui-même, le gouvernement de l'Algérie lui était retiré.

J'ai écrit à M. Jacques, député de l'Algérie, il ne m'a pas répondu.

Le 1er juillet 1881, il y a eu une interpellation faite à la Chambre des députés au sujet des affaires d'Algérie par ce même député, M. Jacques.

Le général Farre, ministre de la guerre, a dit textuellement à la tribune : « Le colonel Innocenti, au milieu de cette action, conserva tout son sang-froid, lui et ceux qu'il avait sous ses ordres déployèrent une énergie surhumaine, rétablirent l'ordre, et en définitive ils ne perdirent qu'une petite quantité de chameaux et de vivres qui furent dispersés.

Je remercie le ministre de la Guerre d'avoir ainsi pris ma défense, mais, en vérité un général qui aurait perdu son sang-froid en pareille occurence serait un pauvre général et un triste soldat.

Dieu merci ! personne n'a manqué de sang-froid, et le sentiment qui nous a dominés tous pendant le combat a été une profonde admiration pour le courage de nos adversaires et une sorte de gaîté calme assez inexplicable que tous ceux qui ont passé par là connaissent bien.

Le Président du conseil des ministres, Monsieur Jules Ferry, qui n'avait évidemment pas étudié la question, énervé par de longs et stériles débats, dit en les résumant et sans calculer la portée de ses paroles, si blessantes pour qui n'a rien à se reprocher : « La faute initiale du colonel Innocenti, la faute terminale du colonel de Mallaret... eurent telle conséquence...

Quelle faute ? Je ne la connais pas, et je ne la connaîtrai jamais. C'est le seul blâme que j'aie reçu dans toute mon existence, et il est inexplicable, car le ministre de la Guerre n'a fait que mon éloge, et personne, dans la discussion, n'a

1.

songé à m'accuser d'avoir commis une faute.

Plus tard, quand j'ai pu venir en France, j'ai cherché à différentes reprises à parler au Président du conseil pour lui faire cette question, mais j'étais consigné à la porte de son cabinet et je n'ai pu l'approcher qu'une fois, dans un bal où j'ai reçu de lui une poignée de main sans avoir le temps de lui adresser ma question. Quoique exempt de tout sentiment haineux, ce n'est pas précisément cela que je cherchais.

Mon frère lui a écrit pour lui demander une explication, il n'a pas reçu de réponse.

M. Floquet, seul, a eu l'excellente idée de demander une enquête, mais on ne l'a pas écouté malheureusement et la séance s'est terminée sans amener le moindre éclaircissement de la question.

Peu de temps après, le général Farre a été remplacé au ministère de la Guerre par le général Campenon à qui j'ai écrit officiellement pour lui demander de vouloir bien prescrire une enquête sur ma conduite, afin que je sois puni ou récompensé en toute justice suivant mes actes ; je demandais également l'autorisation de publier le récit de ma campagne que je joignais à ma lettre.

Le ministre m'a répondu sèchement qu'il ne prescrirait pas d'enquête et qu'il n'autorisait aucune publication, mais il ne m'a pas renvoyé mon rapport. Quand je l'ai réclamé, il m'a répondu qu'on l'avait gardé pour les archives de la guerre.

J'avais déjà, suivant la règle, déposé le même rapport aux archives de la division d'Oran.

J'avais la naïveté de croire qu'on le lirait et que la lumière se ferait.

J'ai écrit au Président de la République, M. Jules Grévy, en lui adressant la même demande d'enquête, il ne m'a pas répondu et a conservé également une copie de mon volumineux rapport qu'il était fort désagréable de copier ou de faire recopier sans cesse.

Que de pensums j'ai faits ainsi en expiation de l'idée patriotique que j'ai eue de demander à marcher à l'ennemi !

Ayant obtenu une permission d'un mois, j'ai quitté Mascara pour Paris.

Ma première visite a été pour le général Campenon, je l'ai instamment prié, pour mettre un terme aux fréquentes attaques de la presse qui m'exaspéraient, de m'accorder l'enquête que je sollicitais et l'autorisation d'écrire, il fut sur le point de céder, mais il maintint son refus sans vouloir le motiver.

Je me suis rendu au palais de l'Élysée, j'ai vu, après une très longue attente, M. le Président Grévy, qui, paraissant, très préoccupé, me dit :

Mon cher colonel, vous me parlez de l'insurrection du Sud-Oranais, du combat de Chellala, de félicitations que je vous ai adressées, je ne sais rien de tout cela, je ne vous ai point adressé de félicitations.

Monsieur le Président, voulez-vous me permettre de vous lire le journal qui les rapporte?

Mais certainement, mon cher colonel.

« Le ministre de la guerre au commandant « du XIXe corps... Transmettez au colonel « Innocenti mes félicitations sur cette affaire « importante.

« Les troupes ont infligé une rude leçon aux « Trafis. Leur conduite glorieuse dans cette « journée mérite tous les éloges.

« Le Président de la République désire qu'on « leur en exprime toute sa satisfaction. »

Mais, je n'ai jamais dit cela, répond le Président, c'est le ministre de la guerre qui m'a fait parler, je lui dirai que je ne veux pas que cela se renouvelle.

« Epargnez-le, Monsieur le Président, ce n'est plus le même ministre. »

Et je partis sur l'assurance que M. le Président de la République voulut bien me donner, qu'il insisterait auprès du ministre de la guerre, pour que l'enquête que je réclamais fût ordonnée.

Cette visite n'a naturellement porté aucun fruit, mais l'excellent et très digne général Lambert que j'ai vu plus tard en Tunisie m'a dit qu'il assistait au palais de l'Elysée au déjeuner où le général Farre est venu apprendre au Président le succès de Chellala et qu'il avait entendu le Président de la République le charger de me témoigner sa satisfaction.

Le Président l'avait oublié, cela est bien permis, car ce qui absorbe la vie des intéressés passe presque toujours inaperçu des indifférents.

Je pris alors le parti de m'adresser à la presse. Que n'y ai-je songé plus tôt !

Je commençai par le *Figaro*, M. Magnard me reçut en galant homme, fit le meilleur accueil à ma réclamation, rédigea lui-même, sur ma simple affirmation, une rectification dans le journal et m'envoya le lendemain un reporter à qui je donnai communication de différentes pièces qui changèrent complètement les appréciations du journal.

M. Pessard, du *National*, voulut bien mettre avec empressement, au service de ma cause, la haute autorité qu'il a si justement acquise sur l'esprit public.

Les autres journaux suivirent l'exemple donné, et on répara autant qu'il fut possible, avec beaucoup de bonne volonté, le mal que l'on m'avait fait.

J'ai trouvé au *XIX*e *Siècle* particulièrement, un rédacteur, M. Louis Henrique, un homme de cœur qui prit énergiquement et habilement ma défense et publia le 29 août 1882, dans son journal, un long article, la vérité sur Chellala qui mérite bien son titre.

J'espérais, après cette réhabilitation, tomber dans le plus complet oubli, je renonçai avec joie à publier le récit de ma campagne dont le seul souvenir m'était devenu odieux, et je me contentai, pour assurer le respect de ma mémoire dans ma famille, de réunir dans un album dédié à mes petits neveux, mes notes de régiment, mes ordres d'inspection, le récit de mon expédition, l'appréciation des bureaux arabes, tout ce que je publie aujourd'hui à contre-cœur.

Malheureusement la calomnie laisse des traces ineffaçables.

Il y a quelques jours, un de mes petits neveux que je faisais travailler me montra la couverture de son cahier d'écolier offrant l'image du combat de Chellala qu'on appelait une sanglante défaite de la colonne Innocenti.

En même temps, un charmant enfant dont le père était un de mes meilleurs officiers est venu me dire, tout ému, qu'on lisait à haute voix au réfectoire, dans sa pension, un des premiers collèges de Paris, un livre dans lequel on critiquait ma conduite en Afrique, et il se demandait avec effroi si la mémoire respectée de son père, qu'il a malheureusement perdu, ne serait pas également attaquée.

Le livre qu'on lisait ainsi porte le titre de :

Récits algériens, par E. PERRET, ancien capitaine de zouaves.

Je me suis procuré ce livre, et j'y lis le récit le plus extraordinaire, le plus fantaisiste que l'on puisse imaginer des événements du Sud-Oranais.

Le combat de Chellala, dit-il, a eu lieu le 18 juillet 1881, et il a eu lieu en réalité le 19 mai.

Partant de là, il a placé les massacres de Khalfalha et l'affaire du colonel de Mallaret avant Chellala, ce qui amène une singulière confusion.

Il prétend que j'ai fait commencer le combat par les goums, c'est absolument faux, j'en appelle à tous les officiers de ma colonne.

Le premier feu, par mes ordres, a été commandé par M. le chef de bataillon Laffont, de la légion étrangère, et le second par le commandant Schürr, des deux escadrons de chasseurs d'Afrique qui combattaient à pied. J'étais entre ces deux troupes qui formaient en la débordant la première face de mon carré, et le feu s'est continué régulièrement par salves.

D'après M. le capitaine Perret, je n'avais que deux bataillons sous mes ordres, j'en avais trois, il a oublié les zouaves commandés par le colonel Swiney.

Il dit que c'est l'agha Sahraoui qui s'est jeté sur la colonne, c'est faux, c'est l'agha de Saïda-Si-Kaddour-ould-Adda, un brave guerrier, commandeur de la Légion d'honneur et dévoué à la France qui a été rejeté par l'ennemi et entraîné par les siens dans le carré où son goum a cherché un refuge et introduit l'ennemi.

Il dit encore que Bou-Amema s'est jeté sur l'arrière-garde et le convoi que je n'avais pas fait serrer ni garder.

Le convoi était tout entier dans le carré de mes troupes, et l'arrière-garde avait ordre comme l'avant-garde et les flanqueurs d'y rentrer promptement au premier signal d'attaque, ce qu'elle a fait.

D'ailleurs, si le convoi a été en partie dispersé par la trahison des chameliers et des goums, je l'ai promptement rallié, et nous n'avons rien perdu, puisque nous avons vécu un mois avec les vivres donnés pour un mois.

Si le convoi avait été pillé, nous serions tous morts de faim et de soif.

Enfin le capitaine Perret prétend que, « marchant en tête de l'escadron d'avant-garde, je m'occupais fort peu de l'infanterie ».

Çà c'est une vieille rancune de fantassin à cavalier qui n'a pas sa raison d'être, car toutes les armes se valent par le courage, l'abnégation et le dévouement, le reste importe peu.

Je n'étais pas à l'escadron d'avant-garde par la bonne raison qu'il n'y en avait pas, tous mes cavaliers étaient, dans la colonne, fort occupés en grande partie à faire marcher les 2,000 chameaux du convoi et à les maintenir en dedans du cadre d'infanterie.

Je n'avais qu'une avant-garde d'infanterie à 150 mètres en avant de la colonne, je n'ai jamais voulu morceler mes troupes, c'est le morcellement si justement condamné par Carnot qui a été la cause de tant de défaites successives en 1870, c'est lui qui a été funeste au capitaine Barbier dans le chott Tigri et à la mission Flatters, aussi bien qu'aux Curiaces légendaires.

J'aime tous les officiers, tous les soldats de toutes les armes, et je suis, je l'espère, resté l'ami de tous mes commandements de détachement.

C'est moi qui ai réglé, après les avoir consultés, la marche de la colonne, lui donnant largement tous les repos réglementaires; nous avons fait, en moyenne, le kilomètre en 20 à 25 minutes. — Cela est facile à calculer sur le journal de marche que je publie et qui était tenu par un de mes officiers d'ordonnance M. le lieutenant Doursout, des tirailleurs algériens, officier sérieux et de valeur, très attentif à son service.

Une seule fois j'ai dû hâter la marche pendant trois heures, parce que la colonne traversait un défilé très dangereux d'où j'avais hâte de sortir, le 18 mai, la veille du combat en allant des Arba-Ouat à R'Caf-el-Hammam.

La preuve que l'infanterie m'intéresse autant que les autres armes, c'est qu'en 1870 j'ai demandé, à Metz, à former un bataillon avec les cavaliers démontés de la garde impériale pour faire le service des avant-postes et soulager l'infanterie éreintée et décimée par des engagements journaliers.

Toutes ces erreurs involontaires ou voulues, toutes ces calomnies m'indignent à la fin, et je me décide à écrire rapidement et très imparfaitement ces lignes, quoique gravement menacé de perdre la vue si j'en abuse.

Je dis comme toujours la vérité, j'appuie mon dire de toutes les preuves possibles, et je déclare que ceux qui ont dit le contraire ont été mal renseignés ou en ont menti.

Je ne suis point aigri, j'ai conservé, à différents degrés, le meilleur souvenir de mes chefs, de mes camarades et de mes braves cavaliers, je me considère comme très suffisamment récompensé par mon grade des services que j'ai pu rendre à mon pays, je n'en veux à personne et je ne demande rien qu'un rayon de lumière sur une action dont je m'honore et que par légèreté d'esprit ou par ce déplorable et inexplicable sentiment de malveillance qui gît au cœur de l'homme, on a, sans examen, considéré comme une faute et un échec.

Je veux transmettre à mon neveu, lieutenant au 6e chasseurs d'Afrique, qui, tout jeune, a combattu près de moi, un nom intact tel que je l'ai reçu de mon père, en lui souhaitant de tout cœur dans sa carrière, plus d'honneur que d'honneurs.

Général Innocenti.

Paris, le 15 août 1893.

Etat des services du général Innocenti

JOSEPH-CHARLES-ALEXIS-ALFRED.

Né le 30 novembre 1824 à Metz (Moselle), fils de Pierre-François-Nicolas Innocenti, conseiller à la Cour royale de Metz et de dame Catherine-Marguerite Kauffer.

Services — Positions diverses Propositions — Décorations.

Ecole spéciale militaire, élève . .	29 décembre 1844
A contracté un engagement volontaire le	6 février 1845
Elève d'Elite	28 avril 1845
Sorti de l'Ecole militaire avec le n° 78 sur 280 élèves, 6e régiment de chasseurs, sous-lieutenant	1er octobre 1846
Elève de l'Ecole de cavalerie de Saumur, sorti de cette école avec le n° 5 sur 39 élèves, 12e régiment de dragons, sous-lieutenant . . .	26 avril 1848
12e régiment de dragons, lieutenant	25 juin 1849
Détaché à l'Ecole de cavalerie comme officier d'ins. du 1er janvier 1850 au 1er octobre 1851.	
Sorti avec le n° 7 sur 25 élèves et proposé pour le grade de capitaine instructeur.	
Proposé au choix avec le n° 1 pour capitaine au régiment.	

Nommé capitaine instructeur en chef au 7e régiment de cuirassiers, au choix sur toute l'arme de la cavalerie.	2 mars	1853
Nommé capitaine adjudant-major, puis capitaine commandant à l'escadron des Cent-Gardes de S. M. l'empereur Napoléon III	31 mars	1859
Chevalier à feuille de chêne de l'ordre du lion de Zehringen. . . .		1860
Proposé avec le n° 1 au choix et à l'ancienneté pour chef d'escadrons.	mai	1862
2e régiment de carabiniers, chef d'escadrons	13 août	1863
Chevalier de la Couronne royale de Prusse		1864
Chevalier de la Légion d'honneur . .	29 septem.	1865
Carabiniers de la garde, chef d'escadrons	1er janvier	1866
Porté au tableau d'avancement pour lieutenant-colonel		1870
11e régiment de cuirassiers, chef d'esdrons.	25 mars	1871
11e régiment de cuirassiers, lieutenant-colonel.	3 février	1872
12e régiment de cuirassiers, lieutenant-colonel	19 octobre	1873
4e régiment de chasseurs d'Afrique, colonel	27 mai	1875
Porté au tableau d'avancement pour général de brigade.		1879
Porté au tableau d'avancement pour le		

grade d'officier de la Légion d'honneur		1880
Proposé de nouveau pour général de brigade et officier de la Légion d'honneur pour fait de guerre à la suite du combat de Chellala . . .	mai	1881

Etat-major général

Nommé général de brigade disponible après 4 ans de proposition pendant *lesquels 97 généraux de brigade* ont été nommés	18 janvier	1883
Grand-officier de l'ordre tunisien du Nicham Iftikar	février	1883
Commandeur de l'ordre royal de l'Epée de Suède	1er mars	1883
Nommé au commandement de la 3e brigade ds hussards	2 mars	1883
Officier de la Légion d'honneur (après 5 ans de proposition et 20 ans de grade de chevalier)	7 juillet	1885
Placé dans la 2e section (réserve) du cadre de l'Etat-major général de l'armée à sa limite d'âge. . . .	30 novem.	1886
Admis sur sa demande, à la retraite, tout en restant à la disposition du ministre en cas de guerre . . .	7 février	1887

Campagnes

Contre l'Allemagne

Du 21 juillet 1870
Au 10 avril 1871 1

En Afrique

Du 30 juillet 1875
Au 27 juin 1882 inclus 7

En Afrique

A fait partie des colonnes appelées à réprimer des mouvements insurrectionnels sur le territoire algérien.
Du 26 avril 1881
Au 27 juin 1882 inclus. 2

En Tunisie

Du 28 juin 1882
Au 26 février 1883 2

12

Actions d'éclat — Citations

Cité à l'ordre du jour du XIXe corps d'armée pour sa belle conduite au combat d'El Moilock (Chellala) où il commandait en chef le 19 mai 1881.

INSURRECTION DU SUD-ORANAIS

En 1881

BOU-AMEMA ET LE COLONEL INNOCENTI

Capitaine — Chef d'escadrons — Lt-Colonel Innocenti

Nommé capitaine instructeur au choix sur toute l'arme de la cavalerie au 7e régiment de cuirassiers à la suite des examens de l'école de cavalerie, le capitaine Innocenti fait des démarches au début de la guerre de Crimée pour faire partie de l'expédition, mais il ne peut l'obtenir.

Escadron des Cent-Gardes

DE S. M. L'EMPEREUR NAPOLÉON III

En 1858, M. de Villers, chef du bureau de la cavalerie, propose au capitaine Innocenti d'entrer avec son grade à l'escadron des Cent-Gardes.

Le capitaine refuse, craignant à tort de nuire à l'avancement d'un de ses anciens officiers qu'il estimait beaucoup, M. Meurice, lieutenant aux Cent-Gardes.

L'année suivante, M. Meurice est nommé capitaine dans la ligne, une nouvelle place aux Cent-Gardes devient vacante, et comme on dit l'empereur très bon, très brave, trés attaché à son devoir de rendre la France heureuse, ces considérations jointes au désir de se rapprocher de deux de ses meilleurs amis de régiment, nommés officiers d'ordonnance de l'empereur, décident le capitaine Innocenti à faire la demande de son admission aux Cent-Gardes qui est favorablement accueillie.

Il y a peut-être lieu de protêster ici contre toutes les fables qui ont été débitées au sujet de cet escadron d'élite absolument dévoué et composé des cavaliers les plus méritants de l'armée qui, incorporés après la bataille de Sedan dans des régiments de ligne, ont fait preuve d'une grande bravoure et d'un excellent esprit.

Les officiers étaient généralement sérieux, intelligents et travailleurs.

S'ils étaient dévoués à l'Empereur, ils l'étaient également à la France pour laquelle plusieurs d'entre eux ont versé leur sang et donné leur vie.

En 1859, au moment de partir avec l'Empereur pour la guerre d'Italie, le capitaine Innocenti, étant le plus jeune de grade des capitaines de l'escadron, est, malgré ses démarches et ses efforts, obligé de rester à Paris pour assurer le service de S. M. l'Impératrice.

Ordre du 18 août 1861

Le lieutenant-colonel commandant l'escadron des Cent-Gardes se plaît à informer l'escadron que M. le général Rolin a lu avec un vif intérêt les travaux qui lui ont été adressés par M. le docteur Sarazin d'une part et par M. le capitaine Innocenti d'autre part (Etudes sur la cavalerie dont la plupart des propositions ont été adoptées depuis).

Le général a témoigné une grande satisfaction de voir que MM. les officiers de l'escadron emploient leurs loisirs à des recherches consciencieuses et à des études sérieuses.

C'est un genre de distraction noble et digne d'officiers d'élite.

Le Lieutenant-colonel
VERLY.

En 1862, le capitaine Innocenti est désigné par le choix du grand maréchal et de l'Empereur et par son ancienneté de grade (9 ans 1/2), pour passer chef d'escadrons, le 15 août de cette année.

Le 14 août, la veille du jour où sa nomination devait paraître, le capitaine assistait aux courses du camp de Châlons dans la tribune de l'Empereur et recevait les félicitations de ses chefs et de ses camarades au sujet de sa prochaine nomination lorsque le maréchal, ministre de la guerre, est venu saluer l'Empereur et lui a dit assez haut pour être entendu : Sire, la maréchale et moi serions très heureux si sa Majesté voulait bien se montrer favorable à M. le capitaine X... dans les nominations qui vont avoir lieu.

L'Empereur ne répondit pas, mais le soir il demanda au général aide de camp de service quels étaient les capitaines proposés pour l'avancement.

Le capitaine D... et le capitaine Innocenti.

Quel est le plus ancien?

Le capitaine D...

Eh! bien, vous raierez de la liste le capitaine

Innocenti et vous y mettrez le capitaine X...

Ce capitaine n'était pas proposé et était de moitié moins ancien de grade que le capitaine Innocenti.

Celui-ci est passé général huit ans après le capitaine X... La durée de la traversée varie beaucoup, suivant qu'on a vent arrière ou vent debout.

Voilà qui démontre bien que le capitaine Innocenti n'était pas un favori de l'Empereur.

Le colonel des Cent-Gardes protesta assez haut contre cette nomination inattendue, mais naturellement sans insister, tout le monde oublia bientôt ce petit scandale et le capitaine Innocenti, assez indifférent d'ailleurs en matière d'avancement, reconnaissant le droit de l'Empereur de modifier son choix au dernier moment, et bien convaincu qu'il vaut mieux souffrir d'une injustice que la commettre, fit comme tout le monde.

Quelques jours après, le ministre de la guerre, le rencontrant, lui donnait une poignée de main, ignorant, probablement aussi bien que son protégé, le tort qu'il venait de lui faire.

Ces contretemps sont très fréquents et se produisent sous tous les régimes.

Un an après, le capitaine passait chef d'escadrons.

Il demande instamment à être envoyé dans un des corps de cavalerie du Mexique, mais il ne s'y trouvait aucune place vacante. Il sollicite alors sa nomination aux chasseurs d'Afrique, mais la place était promise et il est envoyé au 2e régiment de carabiniers qui devient plus tard, fondu avec le 1er de l'arme, le régiment des carabiniers de la Garde et, après la chute de l'Empire, le 11e régiment de cuirassiers.

Voici les notes particulières et successives extraites du registre du personnel de MM. les officiers du 11e régiment de cuirassiers (ex-carabiniers de la Garde), tenu par le lieutenant-colonel du régiment et qui doit encore exister dans les archives du corps.

Le général Innocenti est devenu lui-même lieutenant-colonel de ce régiment, et c'est ainsi qu'il a pris connaissance des notes qui lui ont été données par ses devanciers.

Il se décide, non sans une grande répugnance, à les publier pour bien affirmer son honorabilité qui est la meilleure garantie de la parfaite vérité de tout ce qu'il affirme.

Carabiniers de la garde

Commandant Innocenti

Excellent officier, consciencieux, sachant son métier et le faisant très bien, conduite parfaite, caractère bon, énergique et d'une honorabilité proverbiale, monte vigoureusement à cheval.

1er avril 1866.

Le Lieutenant-colonel
Thornton,
devenu général de division.

Très bon et très aimable officier, vigoureux, plein de bonne volonté, instruit, connaît son métier, commande bien sur le terrain, monte très énergiquement à cheval.

1er février 1867.

Le Lieutenant-colonel
Cornat
a commandé le 4e corps d'armée.

M. le commandant Innocenti est un officier précieux dans le service, toujours présent, toujours prêt, sachant obéir et commander. Il lit beaucoup, sait beaucoup de choses en dehors de son métier.

1er juillet 1867.

Le Lieutenant-colonel
CORNAT.

Le commandant Innocenti est un officier supérieur des plus distingués, conduite excellente, beau et énergique cavalier, éducation parfaite, instruction solide et variée, principes honorables et sûrs, est dévoué à ses chefs et à ses devoirs, intelligence élevée, caractère droit, loyal, ferme, bien trempé et bon.

Homme de bien et d'action, cet officier supérieur, aimé et estimé de tous, mérite les plus grands éloges pour sa manière d'être et de servir.

Les nobles qualités qui le distinguent le désignent à l'avance pour le commandement, il fera dans l'avenir un chef de corps des plus remarquables.

Compiègne, le 1er juillet 1870.

Le Lieutenant-colonel
DE LA FILOLIE.

En 1870, le commandant Innocenti, après sept ans de grade, est porté au tableau d'avancement pour le grade de lieutenant-colonel et la guerre est déclarée au moment où il allait passer au grade supérieur.

Il prend part avec son régiment aux batailles de Borny, de Gravelotte et au combat de Servigny-les-Ste-Barbe.

Un très grand nombre de chefs d'escadrons et de majors qui ne figuraient pas au tableau d'avancement avant la guerre passent au grade supérieur.

Le commandant Innocenti qui ne songe guère à ses intérêts en présence des malheurs de la France ne fait aucune démarche et voit ainsi son avancement encore retardé de deux ans.

Vers la fin du blocus de Metz, tous les chevaux de la cavalerie sont morts de faim ou ont été abattus pour nourrir l'armée, le commandant Innocenti demande officiellement, par l'entremise de son colonel M. le baron Petit et de M. le général du Preuil, son général de brigade, à former et à commander un bataillon avec les cavaliers démontés de la garde, afin de soulager dans le service des avant-postes, les régiments d'infanterie, qui perdaient beaucoup d'hommes dans des combats journaliers.

Sa demande n'est pas accueillie.

Un peu plus tard, prévoyant la capitulation de l'armée, il proposa au général Desvaux, commandant en chef la garde impériale, un plan de sortie de nuit qui n'est point accueillie, son exécution paraissant devoir être trop meurtrière.

Le commandant subit le sort commun, il est interné comme prisonnier de guerre à Wiesbaden avec le maréchal de Mac-Mahon, le général de Galliffet, le général Lacretelle et beaucoup d'autres, y compris Dieu merci ! ses meilleurs amis.

Devenu libre, il reçoit l'ordre de rejoindre son régiment devenu le 11e de cuirassiers.

11e régiment de cuirassiers

M. le commandant Innocenti est un officier dont on ne saurait dire trop de bien.

Parfaitement doué au moral comme au physique, il a l'estime et l'affection de tous.

Travailleur, ses connaissances militaires sont très étendues.

Excellent cavalier, aimant beaucoup le cheval et le connaissant bien.

M. Innocenti, proposé pour lieutenant-colonel en tête du tableau au moment de la guerre, eût été nommé depuis longtemps sans les événements.

Classé avec le nº 2 au dernier tableau, il ne tardera sans doute pas à obtenir cette juste récompense de ses excellents services, honorabilité proverbiale, principes parfaits.

Angers, janvier 1872.

Le Lieutenant-colonel

TONDON.

Le commandant est nommé lieutenant-colonel à la suite au régiment le 3 février 1872, on a fait dans les armées improvisées de si nombreuses nominations que tous les grades sont encombrés.

Le 19 octobre 1873, le lieutenant-colonel passe en titre avec son grade au 12ᵉ régiment de cuirassiers à Lyon.

Le 27 mai 1875, il est nommé colonel du 4ᵉ régiment de chasseurs d'Afrique à Mascara, province d'Oran.

INSURRECTION DU SUD-ORANAIS

En 1881

BOU-AMEMA ET LE COLONEL INNOCENTI

Colonel et Général Innocenti

Ordres d'inspection et autres. — Lettres

1876

Le 4e chasseurs d'Afrique est bien commandé, bien tenu, bien administré, il a beaucoup travaillé.

La confiance mutuelle qui règne entre les chefs du corps et les subordonnés à tous les degrés de la hiérarchie honore les uns et les autres et rend à tous la tâche facile.

Le régiment a pris pour devise : *Travail et discipline*, il est tout prêt à servir la patrie avec dévouement.

Le Général de division,

Inspecteur général de cavalerie,

MICHEL.

1877

Le 4e chasseurs d'Afrique est animé du meilleur esprit, les officiers aiment leur régiment, la troupe est heureuse de la bienveillante sollicitude avec laquelle le colonel veille à son bien-être, elle est dévouée et disciplinée.

Sur la demande du colonel, un bassin de Noria a été mis à la disposition du régiment par un chef arabe de la ville, et les cavaliers ont pu se baigner fort souvent pendant la saison chaude.

On a désigné à la troupe une salle chauffée en hiver et pourvue d'une bibliothèque.

Le quartier a été embelli de plantations qui l'assainissent et le rendent plus agréable.

Le général est heureux de constater que, comme l'an dernier, le 4e chasseurs d'Afrique s'est présenté dans les meilleures conditions.

M. le colonel Innocenti a su imprimer à tous les services une excellente impulsion, il s'est fait aimer et a donné à ses subordonnés l'amour du devoir.

Le Général de division,

Inspecteur général de cavalerie,

MICHEL.

1878

L'instruction équestre et individuelle des cavaliers est remarquable.

En résumé, sous l'intelligente et vigoureuse impulsion de son colonel qui consacre tous ses instants à l'amélioration morale et matérielle de son régiment, le 4e chasseurs d'Afrique présente un ensemble dont tous les éléments sont unis et ont confiance les uns dans les autres.

Le jour où le régiment paraîtrait sur les champs de bataille à côté de ses frères d'armes de France, il montrerait certainement des qualités qui leur feraient envie.

Le Général de division,

Inspecteur général de cavalerie,

MARQUIS VIEL D'ESPEUILLES

Le Ministre de la Guerre au général commandant le XIXe corps d'armée.

Les mesures relatées dans le travail du colonel Innocenti sont généralement excellentes, et je vous prie de féliciter en mon nom ce chef de corps pour les efforts qu'il ne cesse de faire en vue d'améliorer le bien-être du soldat.

Le Ministre de la Guerre,

GRESLAY.

1879

...La discipline a été aisément maintenue, les punitions graves ont été rares.

Les loisirs des hommes ont été utilisés par des travaux qui ont augmenté leur bien-être, l'ivresse a presque disparu, car elle n'est que la compagne habituelle du désœuvrement.

La tenue est régulière et belle, les hommes sont d'une propreté remarquable.

On a obtenu au moyen de la chaleur développée par la fermentation du fumier, de l'eau d'une température élevée qui a été utilisée pour les ablutions des hommes. Cette découverte est un résultat sérieux qui contribue à maintenir la santé des soldats.

Les bains froids que le colonel a réussi à donner à tous dans un bassin de Bab-Ali complètent encore cette utile amélioration.

Le meilleur esprit anime tout le 4e régiment de chasseurs d'Afrique.

Le commandement ferme, éclairé et bienveillant du colonel, sa sollicitude constante pour le bien-être de ses subordonnés inspirent à tous l'amour du devoir.

Les officiers suivent son bon exemple, ils aiment leurs soldats, ils sont comme leur chef, aimés, respectés et obéis avec empressement.

Le travail est bien dirigé, l'instruction est très bonne, la tenue est très belle.

Une administration loyale et correcte a maintenu l'ordre partout.

Le Général de division,
Inspecteur général de cavalerie,

MICHEL.

Nous avons admiré les moyens aussi simples qu'ingénieux, imaginés par M. le colonel Innocenti pour embellir, assainir et améliorer le quartier de son régiment.

Il l'a notamment pourvu d'une véritable

source d'eau chaude de 60 à 70° en utilisant la chaleur de fermentation du fumier.

L'Intendant général inspecteur,

CLAYEUX.

1880

... En résumé, brillamment présenté par son colonel, le 4e chasseurs d'Afrique s'est fait remarquer par sa bonne tenue et son attitude militaire, c'est un solide régiment et la France peut compter sur son patriotisme.

Le Général inspecteur,

DE SAINT-JEAN.

NOTE MINISTÉRIELLE

25 octobre 1880

Journal militaire

Le 4e chasseurs d'Afrique est un des cinq régiments de cavalerie (sur 77) qui se sont fait remarquer par les soins apportés à l'entretien et à la conservation de leur armement.

A la suite de l'inspection générale des généraux du génie en 1880, le 4ᵉ chasseurs d'Afrique est signalé par un ordre général du XIXᵉ corps d'armée en date du 2 juillet, comme tenant remarquablement bien son casernement.

Le colonel fait paraître dans le bulletin de la réunion des officiers du 24 janvier 1880 un article intitulé :

« Création d'une source d'eau chaude dans tous les quartiers de cavalerie. »

Et dans le bulletin du 26 juillet 1880, un autre article sous le titre : « Nouveau mode d'attache des chevaux au bivouac. »

Le *Moniteur de l'Armée*, nº 56, du 6 octobre 1880, dit que ce mode d'attache a été employé avec succès lors des grands manœuvres de cavalerie à double action qui ont eu lieu dans l'est de la France à la fin de cette même année.

1881

L'insurrection a éclaté avec une grande violence en Algérie, dans le sud de la province d'Oran, le lieutenant Weinbrenner du bureau arabe est assassiné, Géryville est bloqué, l'agha de Saïda, Si-Kaddour-ould-Adda, commandeur de la Légion d'honneur, cherche, à la tête de 800 cavaliers indigènes, à s'opposer à la défection des Trafis, il est complètement battu et se réfugie avec ses caïds dans le poste de Sifisifa.

Le colonel Innocenti, commandant par intérim la colonne de Saïda, a dépassé Géryville et a ordre d'attendre l'ennemi, de l'empêcher seulement de pénétrer dans le Tell ; il demande à se porter à cinq jours de marche dans le Sud à la rencontre de Bou-Amema.

Camp de Méchéria

LE COLONEL INNOCENTI

AU GÉNÉRAL COLLIGNON D'ANCY

15 mai 1881, 5 heures du matin.

Je me conformerai exactement aux ordres reçus, mais je sollicite l'autorisation, les circonstances l'indiquant, de me porter avec toute la colonne à Chellala, seul point d'eau suffisant dans une situation un peu avancée et où Bou-Amema nous attend et nous brave en nous menaçant d'une destruction complète si nous osons l'attaquer.

Colonel INNOCENTI.

Le général CÉREZ commandant la division d'Oran au général Collignon d'Ancy resté malade à Géryville après avoir remis le commandement de la colonne au colonel Innocenti.

Oran, le 15 mai 1881, 3 heures du soir.

Mon télégramme de ce matin, qui a dû vous parvenir depuis, répond par anticipation à la demande du colonel Innocenti de marcher énergiquement en avant.

Autorisez-le à aller jusqu'à Chellala où il battra les dissidents, sinon, il les forcera à la fuite, détruisant ainsi les vantardises de Bou-Amema, mais il ne devra pas s'enfoncer plus avant dans le Sud.

Le général de division
Commandant la province d'Oran,

CÉREZ.

Le 19 mai 1881, le combat de Chellala (qui s'est d'abord appelé El-Moualok ou Tazina) a lieu à huit heures 1/2 du matin.

Le colonel recevait chaque jour, une ou deux fois, des renseignements sur Bou-Amema par un caïd resté fidèle à la France qui ne quittait pas le chef de l'insurrection.

Loin d'être surpris par Bou-Amema, le colonel avait été prévenu la veille et le matin même du combat qu'il serait attaqué en tête et en queue par deux colonnes, et il avait donné ses ordres en conséquence et pris toutes les dispositions voulues.

L'ennemi, depuis longtemps signalé et en vue, se précipite avec fureur, avec un courage admirable sur la colonne formée en carré (renfermant tout le convoi, l'arrière-garde, l'avant-garde et les flanqueurs) et se brise sur son front et sa quatrième face qu'il attaque à la fois.

Les goums alliés dont le colonel se défiait, comprenant 1,400 cavaliers sous les ordres des aghas de Saïda et de Thiaret Si-Kaddour-ould-Adda et Si-Kaddour-ben-Sahraoui, placés aux ailes à 500 mètres du carré et en arrière de la ligne, combattent mollement et à contre-cœur, sont ramenés et passent en partie à l'ennemi.

Les ordres les plus formels avaient été donnés la veille et le matin même par écrit et de vive voix aux aghas de ne pas se replier sur le carré, s'ils étaient forcés de plier, mais de continuer à combattre en tournant autour du carré qui les aurait puissamment secondés de ses feux.

Le brave agha, commandeur de la Légion d'honneur, Si-Kaddour-ould-Adda qui était à l'aile droite est entraîné par son goum qui ne lui obéit pas, refuse de combattre l'envoyé de Dieu et introduit l'ennemi à sa suite dans le carré d'où les chasseurs d'Afrique le repoussent dans un combat à cheval et corps à corps des plus acharnés.

Les 500 sokrars ou chameliers que le colonel a fait désarmer au départ par précaution, très excités par la présence du prophète, trahissent pour la plupart, coupent les entraves et les sangles des deux mille chameaux du convoi, affolés par les coups de fusil et de canon, les poussent hors du càrré et cherchent à rejoindre l'ennemi, mais sur l'ordre du colonel, les goums alliés qui ne sont pas tous passés à l'ennemi et les quatre escadrons de chasseurs d'Afrique s'élançant au galop, ramènent presque tous les hommes et tous les chameaux et poursuivent l'ennemi qui fuit en désordre dans toutes les directions sous une pluie de projectiles, laissant plus de 300 morts sur le terrain, en emportant beaucoup d'autres et ayant de six à sept cents blessés (chiffres relevés dans l'enquête des bureaux arabes).

Les pertes de la colonne sont 37 tués dont 27 chasseurs d'Afrique, 16 blessés dont 6 chasseurs d'Afrique et 15 disparus, dont quelques-uns sont rentrés depuis, appartenant à un peloton de chasseurs d'Afrique dont l'officier, M. de Laneyrie, a été tué.

Il commandait le peloton d'arrière-garde, était rentré dans le carré suivant sa consigne au premier signal d'attaque, mais c'est en le quittant pour s'opposer à la défection des sokrars qu'il a été frappé par eux.

La chaleur est accablante, et dix jours auparavant nous avions trente centimètres de neige, l'eau gelait dans les bidons.

Il n'y a pas d'eau sur le champ de bataille,

on va bivouaquer et passer la journée du lendemain à Tazina à huit kilomètres de là.

Le convoi est reformé sans aucune perte, et le 21, on s'empare des deux ksours de Chellala.

Bou-Amema est poursuivi pendant cinq jours encore, mais il s'échappe sans cesse, quoique serré de très près, devient insaisissable pour toutes les colonnes qui le poursuivent, commet encore quelques brigandages, mais perd son prestige et ne pourra plus désormais, pendant toute la campagne, ramener ses contingents au combat, l'insurrection est frappée au cœur et arrêtée dans son développement qui prenait les proportions inquiétantes d'une guerre sainte et générale, comme l'a établi depuis l'enquête des bureaux arabes.

Il a été tiré pendant l'action 33,204 cartouches à balles et 41 obus.

Le 25 mai, razzia d'Assla au sud-ouest de Chellala, puis la colonne est rappelée au Nord pour se ravitailler par un ordre du général de division commandant la province qui félicite le colonel et sa troupe de « leur belle conduite dans le brillant combat qui vient d'avoir lieu ».

Pendant quelques jours, les communications sont interrompues, et à Fékarine, le 30 mai, le colonel reçoit la dépêche suivante :

« A faire parvenir au colonel Innocenti par le premier cavalier envoyé à Tékarine.

« Vous avez tenu autant que possible, fait preuve d'énergie et d'un moral digne d'éloge, vous avez été bien secondé par vos excellentes troupes.

Les effets de votre combat et de l'attitude de votre colonne se font sentir.

Le général de division
Commandant la province,

CÉREZ.

A Bir-el-Amra, le 1er juin, l'ordre général suivant du commandant du XIXe corps d'armée parvient au colonel.

Ordre général

Au quartier général à Alger, le 21 mai 1881.

Notre colonne de Saïda vient de remporter un important succès sur les contingents de Si-Bou-Amema, le chef de l'insurrection actuelle.

Elle a rencontré cinq mille hommes de ses

contingents le 19 mai à Tazina (Chellala), à dix kilomètres à l'est des ksours de Chellala, et malgré la supériorité de leurs forces, elle les a mis en déroute.

Le combat a été remarquable, les fantasins ennemis se sont portés contre nous avec une grande hardiesse et une confiance extrême.

Ils ont commencé à essuyer le feu de notre infanterie quand ils se sont trouvés à mille mètres, mais, fanatisés par la présence du marabout, ils ont continué. à s'avancer et ce n'est que lorsqu'ils étaient à cent mètres, lorsque nos soldats s'apprêtaient à les charger à la baïonnette, qu'ils ont fait demi-tour et se sont enfuis rapidement en laissant plus de 300 morts sur le terrain.

Le surlendemain, 21 mai, la colonne occupait les deux ksours de Chellala et forçait Si-Bou-Amema à reculer vers l'Ouest.

Ce succès consolide notre autorité dans le sud-ouest de nos possessions, il ébranle le prestige de Si Bou-Amema et venge l'assassinat du lieutenant Weinbrenner, il donne aussi une nouvelle preuve de la mobilité de nos troupes d'Afrique.

Partis de Mostaganem et d'Oran, nos bataillons parvenaient, vingt jours après, à atteindre l'ennemi à plus de quatre cents kilomètres de leur point de départ.

Un pareil résultat est dû en grande partie au général Cérez, commandant la division d'Oran qui a su, en quelques jours, organiser quatre colonnes pour couvrir le Tell de la division et lancer la colonne de Saïda au milieu des populations insurgées.

« Quant au colonel Innocenti et aux braves soldats de la colonne, ils trouveront une éclatante récompense de leurs efforts dans les paroles suivantes que m'adresse M. le Ministre de la guerre et que je suis heureux de leur faire parvenir.

« Transmettez au colonel Innocenti mes félicitations sur cette affaire importante, les troupes ont infligé une rude leçon aux Trafis, leur conduite glorieuse dans cette journée mérite tous les éloges.

Le Président de la République désire qu'on leur exprime toute sa satisfaction.

Le général commandant le XIXe corps,

A. Osmont.

M. le général Détrie prend, par ordre du ministre, M. le général Farre, le commandement de la colonne Innocenti qui, en raison de son importance (2,300 soldats français et 2,000 Arabes), comporte pour chef un officier général.

Le colonel Innocenti a rempli l'intérim du commandement pendant vingt jours. Déjà proposé et classé avant l'insurrection pour le grade de général et d'officier de la Légion d'honneur avec six ans de grade de colonel, il est proposé de nouveau pour ces deux récompenses par le général de division Cérez et par le commandant en chef du XIXe corps, le général Osmont.

Il était tout indiqué de nommer général le colonel Innocenti et de lui laisser le commandement de sa colonne, mais les intrigues et les passions politiques ne l'ont pas permis.

Ordre général n° 6 de M. le général Détrie

« En exécution d'un télégramme de M. le général de division en date du 3 juin, M. le colonel Innocenti du 4e chasseurs d'Afrique est désigné pour remplacer dans le commandement de la subdivision de Mascara M. le général Collignon mis en disponibilité.

« Le général de brigade ne veut pas laisser partir M. le colonel Innocenti sans lui exprimer de nouveau ses éloges, pour le zèle, l'activité et le dévouement qu'il a montrés depuis qu'il commande la colonne de Géryville (dite aussi du Sud ou de Saïda).

« C'est avec regret qu'il voit s'éloigner de lui un auxiliaire qui lui aurait certainement beaucoup facilité sa mission.

DÉTRIE.

On peut répéter qu'à partir de ce moment l'insurrection est terminée, il n'y aura plus de combat sérieux. Si-Bou-Amema n'est plus un guerrier, il se fait bandit, il massacre quelques alfatiers, des femmes et des enfants de Saïda, vole des silos d'orge à Direm, échappe sans cesse à toutes les colonnes qui le poursuivent et se retire définitivement dans l'extrême Sud où, ayant perdu tout prestige, toute influence, il n'est plus à craindre.

(Appréciation des bureaux arabes après enquête ministérielle sur tous les événements du Sud-Oranais.)

ORDRE D'INSPECTION GÉNÉRALE

Du 3 Juillet 1881

De M. le Général de Division

Inspecteur général MICHEL

... Les témoignages de satisfaction adressés par le Président de la République et par le ministre de la guerre au 4e régiment de chasseurs d'Afrique et au digne chef qui le commandait devant l'ennemi à Chellala seront inscrits sur l'historique du corps, et le combat du 19 mai comptera au nombre des faits glorieux qui honorent le régiment.

Signé : Général MICHEL.

Le général Farre, ministre de la guerre, prononça, avons-nous dit, le 1er juillet 1881, à la tribune de la Chambre des députés, les paroles qui suivent et qui sont concluantes :

« Le colonel Innocenti, au milieu de cette action, conserva tout son sang-froid, lui et ceux qu'il avait sous ses ordres déployèrent une énergie surhumaine. »

Le colonel reçoit encore à ce sujet les lettres suivantes et un grand nombre d'autres exprimant les mêmes sentiments.

Du colonel de zouavee Swiney commandant en second de la colonne (aujourd'hui général de division).

Le 29 juin 1881.

... Vos amis, vos camarades vous connaissent et ont déjà fait justice de toutes ces infamies, les chefs de corps et de détachements de la colonne savent et témoigneront, s'il le faut, que vous avez fait votre devoir.

Signé : Colonel Swiney.

Le commandant Laffont (aujourd'hui colonel) qui commandait la légion étrangère dans la colonne termine ainsi sa lettre du 10 juillet 1881.

... Vous avez agi dans des circonstances difficiles avec un mélange de prudence et d'énergie qui vous ont conquis les suffrages de tous ceux qui sont au courant de ces affaires; ceux qui n'y entendent rien peuvent seuls y trouver à redire...

Signé : Commandant Laffont.

Du Général de division Thibaudin, Directeur du personnel au Ministère de la guerre, depuis ministre de la guerre.

Le 11 juillet 1881.

... On connaît votre caractère, votre bravoure et vos capacités militaires, le ministre a été éclairé sur votre compte, mais on ne fait pas toujours ce que l'on voudrait...

En effet, devenu ministre, le général n'a pas cru pouvoir nommer le colonel Innocenti au grade supérieur.

Du général Gaume.

Le 6 octobre 1881.

... Dans une visite au général Blot, chef d'Etat-major général du ministre de la guerre, je lui ai demandé ce qu'il fallait penser de ton affaire.

Le général m'a répondu que, pour lui, tu avais bien fait ton devoir, qu'il était très regrettable que la presse eût dénaturé les faits et qu'il n'y avait aucun reproche à te faire.

Comme je te l'ai déjà dit, on a peur de la presse, on est très embarrassé et on n'ose pas te nommer.

Le colonel Innocenti au général Farre, ministre de la guerre, pour lui demander une enquête sur sa conduite.

Mascara, le 5 octobre 1881.

Monsieur le Ministre,

J'ai l'honneur d'appeler respectueusement votre attentîon sur la situation exceptionnelle et très pénible qui m'est faite et de m'adresser à votre haute équité pour y mettre un terme.

Appelé au mois de mai dernier, à prendre le commandement de la colonne du Sud, j'ai demandé et obtenu l'autorisation de marcher droit à Bou-Amema et au combat d'El-Movalok (Chellala) le 19 mai, les braves troupes que je commandais l'ont mis en pleine déroute; depuis lors, les rebelles n'ont plus osé attaquer nos colonnes.

Pour ce fait, nous avons eu l'insigne honneur d'être cités à l'ordre du corps d'armée et de recevoir les félécitations officielles du Président de la République et du Ministre de la guerre.

La presse, fort mal renseignée, m'attaqua

alors avec une grande violence, me reprochant des fautes absolument imaginaires, et comme ces bruits prenaient une proportion considérable, vous avez bien voulu, Monsieur le Ministre, dans la séance du 1er juillet 1881, à la Chambre des députés, prendre éloquemment ma défense.

Je vous en exprime ma profonde reconnaissance. Vous avez bien voulu m'accorder également les récompenses que j'ai eu l'honneur de vous demander en faveur des officiers et des soldats qui ont bravement combattu sous mes ordres, mais, seul, le commandant de la colonne n'a reçu aucune marque de satisfaction, les propositions dont il était l'objet de la part du général en chef pour général et officier de la Légion d'honneur n'ont pas abouti.

Je vous prie, Monsieur le Ministre, de vouloir bien vous renseigner sur les motifs de cette disgrâce qui se prolonge bien douloureusement pour moi, je les ignore absolument, n'ayant reçu de l'autorité aucun reproche, aucune critique, modifiant la valeur des hautes félicitations qui m'ont été adressées.

L'exception dont j'ai été l'objet dans cette

circonstance a donné une nouvelle force aux indignes calomnies répandues contre moi, et j'apprends encore, de différents points, que j'ai perdu toute considération, sinon aux yeux de ceux qui me connaissent, du moins dans l'esprit de la grande majorité de mes compatriotes.

J'ai l'honneur de vous demander avec la plus vive instance, Monsieur le Ministre, de vouloir bien faire procéder à une enquête que j'ai déjà sollicitée plusieurs fois, et me permettre de publier le fidèle compte rendu de ma conduite pendant toute ma carrière militaire ainsi que la relation de mes opérations pendant la campagne.

J'espère ramener par là l'opinion publique à une appréciation plus juste de mon caractère et me délivrer de cette réprobation générale que je n'ai point méritée et qui m'afflige profondément.

Je suis, avec le plus profond respect,

Colonel INNOCENTI.

Le Ministre de la guerre (le général Campenon, successeur du général Farre) à M. le général Saussier, commandant le corps expéditionnaire de Tunisis et remplaçant le général Osmont dans le commandement du XIXe corps d'armée.

Paris, le 29 novembre 1881.

Mon cher Général,

En réponse à votre lettre du 10 novembre courant, me transmettant un dossier concernant M. le colonel Innocenti, j'ai l'honneur de vous faire connaître qu'il ne sera donné aucune suite à la demande d'enquête formée par cet officier supérieur, et que, de plus, je n'autorise pas la publication des documents qu'il m'a adressés par votre intermédiaire.

J'estime, en effet, qu'une enquête est inutile, puisque des rapports officiels sur les événements du Sud-Oranais ont été établis (*mais ce sont ces mêmes rapports qui ont valu au colonel Innocenti sa mise à l'ordre de l'armée et les félicitations du ministre de la guerre, le général Farre, et du président de la République*) et qu'il ne convient pas non plus de laisser un officier, en activité de service, publier sa biographie et un rapport sur des opérations dont on lui a confié la conduite.

Signé : Campenon.

Cette lettre a été communiquée officiellement au colonel Innocenti.

Le général de division Delebecque, au colonel Innocenti.

12 octobre 1881.

... Je suis désolé de ne pouvoir vous donner un commandement dans la colonne qui va marcher au Sud. Croyez que j'aurais été bien heureux de vous fournir l'occasion de prouver que vous n'avez rien perdu auprès de vos camarades et de vos chefs de la haute considération dont vous avez toujours joui...

Commission de classement des Inspecteurs généraux de cavalerie.

LE GÉNÉRAL DE DIVISION MICHEL.

Mon cher ami, je suis tout heureux de pouvoir vous dire que la commission de classement (formée de 14 généraux de cavalerie) vous a donné toutes ses voix, que votre éloge a été dans toutes les bouches et que votre combat de Chellala a été apprécié comme il doit l'être.

Vous pensez bien que j'ai crié plus fort que les autres.

Tout à vous d'amitié,

Général MICHEL.

3 décembre 1881.

LE GÉNÉRAL DE DIVISION CÉREZ
AU COLONEL INNOCENTI.

Le résultat est parfait, à l'unanimité vous avez été maintenu pour général, vous avez eu 14 voix sur 14 votants, c'est complet, je vous l'ai bien vite télégraphié.

Je suis bien heureux, donc reprenez calme et confiance.

LE GÉNÉRAL DE DIVISION D'ESPEUILLES.

Mon brave colonel, si cette fois-ci vous n'êtes pas encore nommé, vous pouvez vous dire que devant les 14 généraux, juges de l'arme, aucune candidature n'a été plus sympathique

que la vôtre, qu'on vous y a montré en *soldat* et que chacun de nous s'est fait un devoir de vous porter en tête.

Vous avez le cœur assez haut placé pour sentir tout le prix de ce jugement.

LE GÉNÉRAL DE DIVISION DE SONIS

Mon cher ami, il n'y a eu qu'une voix sur votre compte au comité de classement, vous avez eu le numéro 1, mais vous ne passez pas, parce que les ministres de la guerre sont loin d'être libres de leurs mouvements.

Après votre affaire de Chellala, je vous ai adressé de grand cœur mes félicitations, parce que je ne sache pas qu'une action de guerre sérieuse puisse jamais se passer sans laisser du monde par terre.

Si vous m'en croyez, prenez patience et *sursum corda.*

Je vous serre la main de tout cœur en ami bien dévoué.

Général DE SONIS.

LE GÉNÉRAL DE DIVISION OSMONT,
EX-COMMANDANT DU XIXe CORPS D'ARMÉE.

Commission supérieure des dix-neuf commandants de corps d'armée.

Mon cher Colonel, vous avez été maintenu à l'unanimité, on vous a conservé le rang acquis ; vous figurez donc actuellement avec le numéro 1 sur la liste par ancienneté et avec le numéro 1 sur la liste par ordre de préférence.

Bien à vous,

Général OSMONT,
Commandant en chef le 13e corps d'armée.

Malgré ces félicitations du chef de l'Etat, du ministre de la guerre, sa mise à l'ordre de l'armée d'Afrique, ces propositions renouvelées à l'unanimité des voix avec admission en tête du tableau par les deux grands conseils de l'armée, le colonel Innocenti n'a été nommé général que près de deux ans après son combat le 18 janvier 1883, quoique proposé et classé pour général depuis 1879, et il n'a été nommé officier de la Légion d'honneur que le 7 juillet 1885 après vingt ans de grade de chevalier et six propositions successives, mais heureusement les croix d'officier, de chevalier, les médailles et l'avancement qu'il a demandés pour les braves officiers et soldats qui ont combattu sous ses ordres lui ont été largement accordés.

Tous les officiers supérieurs de la colonne, le colonel excepté, malgré les propositions et les instances de ses chefs directs qui l'ont vu à l'œuvre, ont reçu la croix d'officier de la Légion d'honneur.

Le conseil des ministres subit l'influence de l'opinion publique, le président du conseil est inabordable, le Président de la République impuissant ou indifférent, les chefs directs du colonel, le Gouverneur même de l'Algérie en disgrâce et malgré le revirement d'opinion de la presse, le colonel comprend qu'il n'a plus qu'à se résigner tristement à cette singuilère situation qui lui vaut à la fois les hautes félicitations du Gouvernement sans la moindre restriction et ses rigueurs non motivées, et il rejoint son régiment, cherchant à oublier les mauvais jours en se consacrant entièrement à ses devoirs, si attachants d'ailleurs et si doux de colonel, entouré d'amis profondément estimables et sympathiques.

Depuis le jour de sa proposition pour général jusqu'à sa nomination, 97 généraux de brigade ont été nommés, n'ayant, pour un grand nombre d'entre eux, ni son ancienneté, ni ses services.

1882

NOTE MINISTÉRIELLE du 27 novembre 1882

Journal militaire n° 544

Le 4e régiment de chasseurs d'Afrique (quoique constamment en campagne) est un des trois régiments de cavalerie (sur 77) qui se sont fait remarquer par les soins apportés à l'entretien et à la conservation de leur armement.

Inspection générale

Ordre de M. le Général de division

KRAMZEL DE KERHUÉ inspecteur permanent.

...En résumé, le 4e régiment de chasseurs d'Afrique a laissé dans la province d'Oran les meilleurs souvenirs.

Les escadrons se sont fait remarquer dans toutes les expéditions par leur vigueur, leur entrain, leur esprit militaire.

Le régiment, sous le commandement très remarquable de M. le colonel Innocenti, sera en Tunisie ce qu'il a été dans la province d'Oran, un régiment exceptionnel sur lequel le pays pourra compter en toutes circonstances.

A Tunis, le 29 septembre 1882.

1883

Le Général Billot est nommé ministre de la Guerre, et quoique connaissant à peine le colonel Innocenti, il est frappé de l'injustice dont il est victime et propose sa nomination au conseil des ministres qui, cette fois, y consent et au Président de la République qui la signe.

LE GÉNÉRAL INNOCENTI AU 4e RÉGIMENT DE CHASSEURS D'AFRIQUE.

Ordre du 4 février 1883 :

Mes chers camarades, mes braves chasseurs,

Par décret du 18 janvier, M. le Président de la République a bien voulu me nommer général de brigade.

Depuis huit ans que j'ai l'honneur de commander le régiment, je vous ai considérés comme des amis, des compagnons d'armes dévoués, des hommes de cœur dignes de la plus haute estime.

Je vous ai vus au feu, pleins de sang-froid, combattant avec énergie, en dépit de pertes cruelles, un ennemi nombreux et redoutable que vous avez écrasé à Chellala et que vous avez poursuivi, traqué pendant une année entière dans le Sud-Oranais.

En Tunisie, aussi bien qu'en Algérie, vous avez mérité l'approbation de tous les chefs militaires, l'estime et la sympathie de nos camarades de toutes les armes qui vous ont acclamés sur le champ de bataille de Chellala.

Vous avez été cités pour votre courageux dévouement dans le sauvetage des inondés de Tizi et de Perrégaux.

Vous avez supporté des fatigues excessives, des privations de toutes sortes.

Vous avez été exposés à des épidémies mortelles, depuis deux ans vous ne vous êtes pas déshabillés.

Vous ne vous êtes reposés que sur la terre nue du bivouac ou sur les planches d'un lit de camp, et vous n'avez pas proféré une plainte, vous n'avez commis aucun excès, vous avez donne à tous l'exemple de la plus parfaite discipline, du patriotisme le plus pur et de l'esprit militaire le plus louable.

C'est pour cela que vous avez été cités à l'ordre de l'armée d'Afrique et que le chef de l'Etat vous a hautement félicités.

C'est pour cela que je vous estime, que je vous aime, que je vous regrette, que je suis fier de vous avoir commandés dans les jours d'épreuve et que je désire ardemment me retrouver au milieu de vous si la France fait un nouvel appel à notre dévouement.

Après avoir salué le noble étendard qu'elle nous a confié, j'adresse avec respect mes adieux à ceux qui sont morts au champ d'honneur et ma main dans les vôtres, je vous dis : au revoir.

La Manouba (Tunisie).

Général INNOCENTI,
Chevalier de la Légion d'honneur.

1886

LE MINISTRE DE LA GUERRE,
A M. LE GÉNÉRAL INNOCENTI,
COMMANDANT LA 3e BRIGADE DE HUSSARDS
A LYON.

Paris, le 27 novembre 1886.

Mon cher Général,

J'ai l'honneur de vous informer que par application des dispositions de l'article 37 de la loi du 13 mars 1875, vous serez placé, à dater du 30 novembre courant dans la deuxième section (réserve) du cadre de l'Etat-major général de l'armée.

Je vous prie de me faire connaître le lieu où vous désirerez fixer votre résidence et recevoir le traitement auquel vous aurez droit dans votre nouvelle position.

Au moment où vous allez cesser de faire partie de l'armée active, je suis heureux d'avoir à vous témoigner toute la satisfaction du Gouvernement pour vos longs et honorables services.

Si la patrie avait encore à réclamer votre concours, elle vous trouverait, j'en suis sûr, prêt à répondre à son appel avec le zèle et le dévouement dont vous avez constamment donné des preuves dans le cours de votre carrière militaire.

Général BOULANGER.

1889

La disposition des feuillées en rigoles dans les camps et bivouacs, inventée par le colonel Innocenti et appliquée par lui pendant plusieurs mois au 4e régiment de chasseurs d'Afrique en 1882 en Tunisie, est adoptée dans son entier et sans modifications par le ministre de la guerre, insérée au bulletin officiel du ministère de la guerre (du 22 août, partie réglementaire, n° 78) et prescrite dans tous les corps de l'armée française.

INSURRECTION DU SUD-ORANAIS

En 1881

BOU-AMEMA ET LE COLONEL INNOCENTI

EXPÉDITION DE LA COLONNE DU SUD

Le soulèvement de 1881 vient d'éclater en Algérie, le lieutenant du bureau arabe, Weinbrenner, est lâchement assassiné par les Trafis, tribu puissante et guerrière du Sud-Oranais qui se révolte ouvertement contre l'autorité française à la voix de Bou-Amema, ce fanatique agitateur, qui, depuis quelque temps déjà, prêche la guerre sainte et acquiert, tout à coup, une importance considérable en raison des progrès rapides que fait l'insurrection.

Le 24 avril 1881, le colonel Innocenti reçoit à Mascara l'ordre de partir d'urgence pour Saïda et d'y former une colonne expéditionnaire de 2,300 hommes environ de toutes armes dont le commandement lui est destiné par le général Cérez commandant la province.

Après huit jours et autant de nuits d'un travail excessif, la colonne est constituée, grâce à la vigoureuse et intelligente impulsion du général Cérez et à la collaboration dévouée jusqu'à l'extinction de toutes ses forces du lieutenant-colonel Quarante, commandant supérieur de Saïda, du capitaine Graulle du bureau arabe et de deux officiers du 4e régiment de chasseurs d'Afrique, M. le lieutenant Domenech et M. le sous-lieutenant Pagano qui se multiplient et secondent parfaitement le colonel Innocenti.

Pendant que la colonne est en voie de formation, le 27 avril, a lieu un engagement entre nos goums commandés par l'agha de Saïda Si-Kaddour-ould-Adda et les Trafis qui commencent leur défection et débutent par un éclatant succès en culbutant et dispersant la nombreuse cavalerie de Si-Kaddour.

Le colonel demande à marcher avec les premières troupes arrivées pour ramener en avant Si-Kaddour-ould-Adda qui a été mal secondé par ses goums et obligé, malgré sa bravoure bien connue, de s'enfermer avec ses caïds dans le poste de Sfissifa.

Cette proposition n'est pas acceptée. le général Cérez, beaucoup mieux renseigné et très expérimenté, ne craint rien pour Géryville et Sfissifa qui, en effet, ne sont point inquiétés, mais il redoute un nouvel échec si l'on s'engage avec des forces insuffisantes, et l'on continue à former régulièrement la colonne.

Deux mille chameaux, malheureusement trop jeunes et mal dressés pour la plupart et qu'on s'est procurés avec beaucoup de difficulté, portent les munitions et pour environ trente jours de vivres.

Les 500 sokrars ou chameliers sont en nombre insuffisant et animés du plus mauvais esprit, ils dérobent des vivres, retardent la marche et chargent avec une lenteur et une maladresse calculées les chameaux qui jettent fréquemment leur charge par terre.

Deux goums de sept cents cavaliers chacun commandés, l'un par l'agha de Thiaret Si-el-Hadj-Kaddour-ben-Sahraoui, officier et depuis commandeur de la Légion d'honneur, l'autre par l'agha de Saïda Si-Kaddour-ould-Adda, commandeur de la Légion d'honneur, délivré de Sfissifa, constituent la cavalerie indigène.

La plupart de ces cavaliers sont indécis, ils marchent avec une grande répugnance contre Bou-Amema, et ils attendent les événements pour se ranger de son côté ou se décider à nous servir efficacement.

Le colonel demande à l'état-major une carte du pays à parcourir, le général lui répond qu'il n'en existe pas à la division d'Oran, il devra se contenter d'une carte très médiocre, la seule qui se trouvait et qui doit se trouver encore dans les archives de la subdivision de Mascara.

Le 3 mai, le général Collignon d'Ancy quitte Mascara et vient prendre, par ordre du ministre de la Guerre, le commandement de la colonne qui part le 4 mai pour son expédition dans le Sud et le colonel Innocenti se remet à la tête de son régiment qui fait partie de la colonne.

A Géryville, où l'on arrive le 9 mai, le général, se sentant souffrant, se décide à rester dans cette ville et remet provisoirement le commandement de la colonne au colonel Innocenti, atteint lui-même de fièvre depuis quinze jours à la suite d'excès de travail et de veilles prolongées.

M. le capitaine Lavergne, chef du bureau

arabe subdivisionnaire, reste à Géryville à la disposition du général Collignon d'Ancy.

Le colonel est ainsi privé d'un excellent auxiliaire, mais on le remplace par M. le capitaine Reuillon, chef du bureau arabe de Géryville, officier très intelligent, de très bon conseil, connaissant bien le pays et parfaitement au courant de toutes les affaires arabes du Sud-Oranais.

Par ordre supérieur, le départ a lieu le 14 mai dans la direction du Sud, suivant un itinéraire prescrit, car le général Collignon s'est réservé la direction de la colonne, quoique restant à Géryville.

La colonne avait l'ordre de marcher à petites journées, de faire de fréquents séjours, de ne pas dépasser les Arba-ouat, tout en cherchant à combattre les rebelles avec une colonne légère si l'occasion se présentait.

Le colonel Innocenti demanda à marcher rapidement et droit à l'ennemi, et le général de division accueillit sa demande, ainsi que les dépêches suivantes le constatent.

Camp de Méchéria. — 15 mai 1881. 5 heures du matin.

LE COLONEL INNOCENTI

AU GÉNÉRAL COLLIGNON D'ANCY.

...Je me conformerai exactement aux ordres reçus, mais je sollicite l'autorisation, les circonstances l'indiquant, de me porter avec toute la colonne à Chellala, seul point d'eau suffisant dans une situation un peu avancée et où Bou-Amema nous attend et nous brave en nous menaçant d'une destruction complète si nous osons l'attaquer.

Colonel INNOCENTI.

LE GÉNÉRAL CÉREZ

COMMANDANT LA DIVISION D'ORAN

AU GÉNÉRAL COLLIGNON

COMMANDANT LA SUBDIVISION DE MASCARA A GÉRYVILLE

Oran, le 15 mai 1881. — 10 heures du matin.

Je n'approuve pas, et il n'y a pas à approuver d'itinéraire pour le colonel Innocenti, il a une mission qu'il doit remplir promptement et vigoureusement, celle de marcher contre les rebelles, et je vois dans votre télégramme d'hier que vous avez prescrit à la colonne de faire séjour à Si-el-Hadj-ben-Ameur, je ne m'explique pas pareil ordre... au colonel Innocenti qui commande et qui est sur les lieux l'initiative et les détails de l'exécution de l'action militaire dont il a la responsabilité comme il en aura l'honneur.

LE GÉNÉRAL CÉREZ AU GÉNÉRAL COLLIGNON.

Oran, le 15 mai. — 3 heures du soir.

Mon télégramme de ce matin qui a dû vous parvenir depuis, répond par anticipation à la demande du colonel Innocenti de marcher énergiquement en avant.

Autorisez-le à aller jusqu'à Chellala où il battra les dissidents, sinon il les forcera à la fuite, détruisant ainsi les vantardises de Bou-Amema, mais il ne devra pas s'enfoncer plus avant dans le Sud.

Le 14 mai.

DE GÉRYVILLE A MÉCHÉRIA

ENVIRON 14 KILOMÈTRES

La colonne partie le matin de Géryville arrive péniblement à Méchéria, ayant mis dix heures à parcourir 14 kilomètres dans un terrain tourmenté, hérissé de rochers et après avoir passé un long et dangereux défilé qui ne livre passage qu'à deux hommes de front.

Le bivouac est établi au sud du Ksar.

Quelques actes de maraude, déjà réprimés à Géryville par le général Collignon d'Ancy, se reproduisent, des soldats pénètrent dans les jardins, malgré les sentinelles et les postes chargés de les protéger, volent des légumes, cassent des figuiers et maltraitent les habitants auxquels on n'a rien à reprocher et qu'il y a lieu de ménager.

Le colonel monte à cheval et, parfaitement secondé en cela, comme en toutes choses par son officier d'ordonnance, M. le lieutenant Doursout, des tirailleurs algériens, il fait arrêter lui-même les coupables, un exemple est nécessaïre, neuf hommes sont punis de trente jours de prison, et ces punitions sont mises à l'ordre.

Pas un seul chasseur d'Afrique ne se rend coupable d'une faute pendant toute la campagne.

On ne peut se procurer que de l'eau de puits, et tous les animaux de la colonne sont abreuvés à la gamelle.

On indique aux troupes les précautions à prendre contre les scorpions qui sont très nombreux.

Un grand nombre d'hommes sont piqués, le colonel et les docteurs se rendent près des premiers blessés, mais on s'aperçoit bientôt que les conséquences de ces piqûres ne sont pas graves, et qu'il n'y a pas lieu de s'en préoccuper beaucoup. Un traitement très simple est prescrit par le médecin en chef, M. le docteur Gentit qui est toujours très attentif et plein de sollicitude et de bonté pour les hommes.

La colonne campe en carré à périmètre continu d'infanterie, on ne laisse en dehors que les goums et leur convoi placés cependant sous la protection des grand'gardes, des petits postes et des sentinelles doubles qui sont fournis sur chaque face du carré par un peloton d'infanterie.

Le 15 mai.

DE MÉCHÉRIA A SIDI-EL-HADJ-BEN-AMEUR

26 KILOMÈTRES

Partie à 6 heures du matin, la colonne fait une étape pénible en terrain très accidenté et très difficile et arrive à 3 heures du soir au bivouac qui est établi sur le plateau au sud du Ksar.

Des instructions sont données pour le cas d'une attaque de nuit, une compagnie est commandée de piquet sur chaque face, défense à la première alerte d'avoir de la lumière dans le camp et d'y tirer un seul coup de fusil ; c'est le moyen reconnu le meilleur pour éviter des pertes inutiles, les avant-postes seuls doivent riposter.

Le 16 mai.

DE SIDI-EL-HADJ-BEN-AMEUR A BOTMAT-ER-ROUAH

18 KILOMÈTRES

Terrain accidenté et sablonneux couvert de thym et d'alfa.

Les lieux d'étape cités dans cet itinéraire sont rarement des endroits habités, ils sont ordinairement déserts, n'offrant à la vue que de mornes perspectives, du sable, de l'alfa, des rochers, mais pas une tente, pas un gourbi, pas un seul habitant.

C'est quelque crevasse remplie au printemps de l'eau bourbeuse ou saumâtre des pluies de l'hiver qui leur vaut un nom comme point d'eau et lieu d'étape.

Quand, par exception, les sources sont abondantes et qu'elles fournissent une eau de bonne qualité, elles sont généralement aménagées et défendues par les habitants d'un Ksar ou village fortifié qui s'est élevé dans leur voisinage immédiat.

Dans le steppe, constitué par les hauts plateaux qui ont de 800 à 1,000 mètres d'altitude, le sol est marneux, dur, gris, luisant, salé, parfois sans aucune végétation ou produisant quelques plantes qui le font alors partager, comme terres de parcours, entre différentes tribus qui n'y séjournent que le temps nécessaire pour faire brouter leurs troupeaux.

L'aspect change dans certaines parties et devient très pittoresque, le terrain est, à perte de vue, parfaitement uni et parsemé de touffes d'alfa assez rapprochées pour former un immense tapis vert limité par un horizon circulaire d'une régularité parfaite comme en pleine mer.

Sous ces touffes d'alfa, on rencontre souvent la vipère cornue ou céraste qui inspire une si grande frayeur aux Arabes.

Un jour de marche, le commandant de la colonne, à l'heure du repos, s'apprêtait à s'asseoir sur l'une de ces touffes pour recevoir le rapport de la journée, lorsque l'adjudant Bel, des chasseurs d'Afrique, le saisit brusquement par le bras pour s'opposer à son mouvement, deux vipères cornues accouplées apparaissaient entre les herbes; elles furent bientôt tuées d'un coup de sabre, leurs crochets mobiles, en forme de yatagan, avaient un centimètre de longueur. Un an plus tard, ce pauvre adjudant, si énergique, si dévoué, si infatigable mourait en quelques heures en Tunisie, assisté à son tour par le colonel, d'un terrible accès de fièvre pernicieuse.

Le colonel écrit aux principaux chefs des Trafis et à Bou-Amema lui-même pour les engager à demander l'aman sans retard; il leur dit que sa marche retardée jusqu'alors par l'autorité supérieure pour leur donner le temps de réfléchir, va se précipiter et que la poudre parlera.

Pour se conformer aux instructions premières du général Collignon d'Ancy, la colonne devait faire séjour à Sidi-el-Hadj-ben-Ameur, mais le colonel reçoit le matin les deux télégrammes précités qui lui donnent toute liberté, le commandement définitif de la colonne et l'autorisent à se porter en avant; le départ est aussitôt ordonné pour 11 heures, et l'on arrive à Botmat-er-Rouah à 4 h. 1/2.

Jusqu'alors et depuis Saïda, la colonne comprenant les troupes d'infanterie, l'artillerie, l'ambulance, a marché seule, flanquée à droite à 500 mètres par deux escadrons de chasseurs d'Afrique en colonne par un.

Le convoi de chameaux s'est maintenu à 500 mètres de sa gauche, gardé par deux escadrons de cavalerie commandés habituellement par le colonel Innocenti qui marche parfois avec les escadrons de droite.

Ce dispositif prescrit par le général Collignon d'Ancy, devient de plus en plus dangereux à mesure que l'on se rapproche de l'ennemi.

En effet, les escadrons de droite, en colonne par un, gêneraient dans tous les cas les feux de la colonne, et s'ils n'avaient pas le temps de se rallier avant l'attaque, ils seraient très facilement enlevés et égorgés jusqu'au dernier homme par les cavaliers arabes.

Le convoi très considérable, mal gardé, s'allongeant indéfiniment par la mauvaise volonté évidente des chameliers, serait, en cas d'attaque, aussitôt dispersé.

Les chameliers, n'étant pas contenus, prendraient la fuite ou passeraient à l'ennemi.

Les deux escadrons, chargés de défendre le convoi, seraient impuissants à s'opposer à une débandade générale, et la colonne d'infanterie privée de vivres, d'eau et des munitions de réserve, périrait de faim et de soif, ans pouvoir même combattre.

En pareil cas, les goums, vu l'extrême répugnance qu'ils montrent à marcher contre le prophète, feraient défection et se joindraient à l'ennemi contre nous.

Il était donc urgent de changer ce dispositif, et le colonel, le jour même où il obtenait toute liberté d'action, prescrivait le suivant par analogie avec celui qui fut adopté par le général Bonaparte en Egypte et par le général Bugeaud à Isly.

Le convoi, au lieu d'être sur le flanc gauche

de la colonne, gardé seulement par deux escadrons, est placé au centre du carré des troupes, formé par la colonne elle-même.

En tête du carré marche un bataillon en colonne par compagnies en ligne à distance de peloton et fournit une avant-garde à 150 mètres.

(*Les troupes alternent aux différents postes, le 19 mai, jour du combat, ce poste est occupé par le bataillon de la légion étrangère, commandant Laffont.*

Toutes les désignations de troupes qui suivent s'appliquent également à la journée du 19.)

En queue, même disposition avec arrière-garde d'une compagnie à 200 mètres (tirailleurs indigènes, commandant Jacquey).

Un peloton de chasseurs d'Afrique, sous les ordres du capitaine de cette compagnie, marche à cent mètres en arrière (3e peloton du 6e escadron, sous-lieutenant de Laneyrie).

Chaque flanc de la colonne est constitué par un demi-bataillon formé en colonne de quatre pelotons à distances régulières et suffisantes pour couvrir tout le flanc, soit 100 à 120 mètres entre ces pelotons qui se flanquent mutuelle-

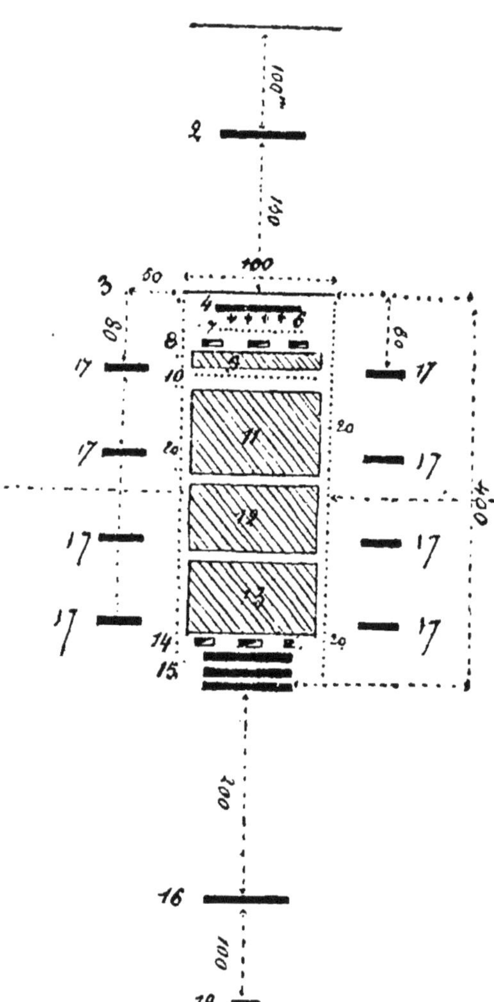

100
2
150
3
50
100
4
6
7
8
9
10
11
12
13
14
15
17
20
80
60
400
200
16
100
18

Dispositif de marche de la colonne Innocenti

1. Compagnie de la légion déployée sur un rang.
2. Compagnie de la légion déployée sur deux rangs.
3. Compagnie de la légion déployée sur un rang et fixant la largeur de la colonne.
4. Compagnie de la légion déployée sur deux rangs.
6. Deux sections d'artillerie de montagne.
7. Ambulance.
8. Trois pelotons de chasseurs d'Afrique en bataille.
9. Chameaux portant les munitions.
10. Peloton de chasseurs d'Afrique escortant les munitions.
11. Chameaux du convoi régimentaire.
12. Chameaux du convoi de l'administration.
13 Chameaux des goums.
14. Trois pelotons de chasseurs d'Afrique en bataille.
15. Trois compagnies de tirailleurs algériens en colonne à distance de peloton.
16. Une compagnie de tirailleurs à l'arrière-garde.
17. Un peloton de zouaves (en tout 8).
18. Un peloton de chasseurs d'Afrique, extrême arrière-garde.
20. Trois pelotons de chasseurs d'Afrique en colonne par un contenant les chameaux à 5 mètres en dedans des pelotons de zouaves.

ment (2e zouaves, colonel Swiney, commandant Marmet).

Dans ce cadre de troupes, immédiatement après le bataillon tête de colonne, marche :

L'artillerie en ligne (2 sections de montagne, quatre obusiers) du 12e régiment. — Sous-lieutenant Partout).

L'ambulance à 10 mètres et successivement à la même distance.

Trois pelotons de chasseurs d'Afrique en ligne (5e escadron. — Capitaine de Chalendar. Commandant Schürr).

Les chameaux de munitions et derrière eux comme garde spéciale, un peloton de cavalerie (5e escadron).

Les chameaux du convoi administratif, ayant en tête les chameaux des corps avec quelques soldats pour surveiller les chameliers et les obliger à serrer.

Les chameaux des goums sous une garde indigène.

Trois pelotons de cavalerie en ligne (6e escadron. — 4e chasseurs d'Afrique. — Capitaine Roux. — Commandant Schürr).

Les convois de chameaux compris entre les

deux troupes de cavalerie en bataille (5e et 6e escadrons) sont maintenus latéralement par trois pelotons de chasseurs d'Afrique en colonne par un à droite (4e escadron, capitaine Paullard, — commandant Oudet) et par trois pelotons du même régiment à gauche (3e escadron, capitaine Menenst, — commandant Oudet).

Ces cavaliers ont la difficile mission d'activer la marche des chameaux et de les maintenir de 5 à 10 mètres en dedans des colonnes latérales d'infanterie.

A 400 mètres, sur chaque flanc, en dehors de l'infanterie, marche un peloton de flanqueurs en colonne par un fourni par l'escadron gardien des chameaux du même côté (4e escadron à droite, 3e à gauche).

Ces pelotons de flanqueurs, aussi bien que le peloton d'arrière-garde, ont reçu l'ordre verbal et écrit de rentrer au galop, individuellement s'ils sont isolés, dans le carré, aussitôt que l'ennemi sera signalé et de se placer derrière les troupes d'infanterie pour ne pas gêner leurs feux et pour contribuer au maintien des chameaux, tout en faisant usage de leur carabine s'il y a lieu.

Un goum de 700 cavaliers éclaire la colonne à cinq kilomètres en avant.

L'autre goum, de même force, divisé en quatre groupes égaux, garde à un kilomètre de distance, la tête, la queue et les flancs de la colonne.

Cet ordre de marche qui sera à peu près l'ordre de combat est soumis par le colonel à l'appréciation des chefs de corps et de détachements de la colonne qui l'approuvent.

Il offrait cet avantage qu'en quelques minutes on passait facilement de l'ordre de marche à l'ordre de combat en carré.

On arrêtait la colonne en la serrant, comme toujours, le plus possible, et au premier signal le bataillon de tête se déployait en ligne, débordant un peu les flancs de la colonne à droite et à gauche, afin d'utiliser, dès le début, tout son feu en cas d'attaque sur le front.

Au besoin, ces ailes pouvaient se replier sur les flancs pour les défendre et enfin, dans un extrême danger, appuyer leur deuxième rang contre le deuxième rang des compagnies du centre de ce même bataillon de manière à faire face partout.

A ce même signal, le bataillon de queue se déployait face en arrière, de manière à former la 4e face du carré, ses ailes se repliaient sur les flancs de la colonne pour concourir à leur protection.

La colonne latérale de droite, formée par quatre pelotons à 100 mètres de distance, faisait *pelotons à droite* et constituait la 2e face du carré.

La colonne latérale de gauche faisait *pelotons à gauche* et constituait la 3e face du carré.

Les flanqueurs, l'avant-garde et l'arrière-garde très rapprochés de la colonne rentraient promptement dans l'intérieur du carré, et l'on se trouvait ainsi dans la meilleure situation défensive contre un ennemi très habile et très prompt à trouver le défaut de la cuirasse de toute formation.

Le colonel, par un ordre écrit, recommande d'instruire les hommes, tout en marchant, de ce qu'ils auront à faire, en cas d'attaque sur un point quelconque. On ne laissera jamais la colonne s'allonger, le colonel rapprochera au besoin les haltes horaires qu'il règle toujours lui-même.

Le commandant de la colonne qui a très peu de confiance dans les goums fait mettre à l'ordre qu'en cas d'attaque de l'ennemi, les goums ne doivent jamais, s'ils sont repoussés, chercher un refuge dans le carré, ce qui pourrait occasionner de grands malheurs, mais qu'ils doivent toujours faire face à l'ennemi, continuer à tirer sur lui pour le bien désigner à nos coups et se maintenir, en tournant, à 300 mètres du carré qui ouvrira sur l'ennemi un feu rapide et les délivrera de sa poursuite.

Cet ordre ajoute que les Arabes alliés qui, dans d'autres circonstances, voudraient se faire reconnaître, afin d'éviter de funestes méprises, devront agiter le pan droit de leur burnous et prononcer le mot bien connu : Sami, Sami (ami).

Le même ordre traduit en arabe est envoyé aux deux aghas, pour qu'ils le communiquent à leurs goums.

Enfin les aghas, leurs fils et le caïd Bel-Hadri sont appelés dans la tente du colonel qui leur explique l'ordre et insiste, pour qu'il soit bien observé.

M. l'interprète Guérin, qui saisit à merveille les questions politiques et militaires, développe avec soin la pensée du colonel, et cependant, le jour du combat, le goum de Si-Kaddour-ould-Adda, volontairement ou involontairement, n'observera pas l'ordre donné et cherchera un refuge dans le carré en y jetant momentanément le désordre.

Le colonel indique par une note mise à l'ordre, les précautions à prendre pour éviter les terribles morsures des vipères à cornes, qui abondent dans le camp, et les premiers soins à donner en cas d'accident, en attendant l'arrivée des médecins.

Ces vipères, dont il existe toujours quelques individus à la ménagerie du jardin des plantes à Paris, n'ont que trente à quarante centimètres de longueur. Le corps est trapu, la queue brusquemnnt amincie, la tête triangulaire est très large, et au-dessus de chaque œil se dresse une corne membraneuse qui donne à la tête de ce serpent l'aspect repoussant attribué à Satan.

Le corps est de la couleur du sable dans lequel la vipère s'enfouit et se cache.

Les chevaux, en marchant dans le bivouac, soulevaient le sable et faisaient assez fréquemment surgir ces vipères qui sont, paraît-il, d'humeur plus débonnaire qu'on ne le dit, puisque nous n'avons eu aucune morsure à soigner.

Le 17 mai.

DE BOTMAT-ER-ROUAH AUX ARBA-OUAT

(*On désigne ainsi deux ksours voisins Arba-Foukani et Arba-Tahtani.*)

25 KILOMÈTRES

Réveil à 4 heures et départ à 6 heures, terrain sablonneux.

Grand'halte sur le bord de la rivière ombragée de Termarix.

Le caïd des Arba-Ouat en manteau écarlate et porteur d'un sabre d'honneur, donné autrefois par le gouverneur de l'Algérie, se présente et donne quelques renseignements sur Bou-Amema qui est à Chellala avec ses contingents.

La colonne arrive à Arba-Foukani vers 3 heures. Le ksar Arba-Tahtani n'est distant du premier que d'un kilomètre.

Ces deux ksours construits en pierre et en torchis ont l'aspect sombre et saisissant d'immenses châteaux du moyen âge.

Le colonel, avec quelques officiers, va reconnaître Arba-Foukani situé au milieu de grands jardins, plantés de palmiers et d'arbres fruitiers et entourés de murs.

Le goum de l'agha Sahraoui ravage une partie des jardins et dépouille cinq Arabes du ksar.

Un peloton d'infanterie est obligé d'intervenir, et le colonel fait des reproches à l'agha qui déclare que son goum ne lui obéit plus. Il est impossible de découvrir les coupables.

On a fait, autant que possible, le recensement des vivres répartis entre les deux mille chameaux un peu allégés, et le colonel rend compte au général (lettre n° 4, 17 mai) que la colonne est alignée en vivres jusqu'au 1er juin.

Les sokrars ou chameliers en dérobent toujours un peu, les vivres de sac sont peu à peu entamés, absorbés par les hommes et nécessairement renouvelés par prudence et par humanité, enfin les vivres remboursables empiètent parfois sur l'approvisionnement.

On ferme les yeux sur ces légers abus qui ont existé de tout temps et qui sont assez excusables, car la ration réglementaire est vraiment insuffisante pour des hommes qui ont à supporter des fatigues excessives dans des marches prolongées, sous un soleil de feu où on les voit escaladant des roches escarpées, des montagnes abruptes ou arpentant la plaine d'un pas inégal, brisé par les pierres roulantes, les touffes d'alfa ou le sable mouvant qui se dérobe sous leurs pieds.

Pendant ces longues marches de chaque jour, le colonel étudie les différents éléments de sa colonne et prend connaissance de tous les services.

Il n'y a que deux officiers du bureau arabe, très énergiques et très intelligents, d'ailleurs, pour surveiller et diriger les sokrars ou chameliers, qui, au nombre de 500 environ, sont chargés de la conduite des deux mille chameaux.

Ces Arabes sont à moitié sauvages, arrogants, indociles, attirés invinciblement vers le prophète Bou-Amema.

Le colonel qui n'a aucune confiance en eux,

les fait désarmer, ne leur laissant que leurs énormes bâtons ou matraques et leurs couteaux qui coupent comme des rasoirs et dont ils ne peuvent se passer dans leur service.

Ils ont l'ordre, en cas d'attaque, de faire coucher les chameaux et de les entraver, mais cette opération présente d'assez grandes difficultés, elle ne sera exécutée qu'en partie, le jour du combat et il vaut mieux compter, pour le maintien de l'ordre, sur nos braves chasseurs d'Afrique, toujours dévoués, infatigables, irréprochables qui entourent et contiennent cet immense convoi de chameaux indociles en dedans des troupes d'infanterie chargées de le défendre.

Le 18 mai.

DES ARBA-OUAT A R'-ÇAF-EL-HAMMAN
22 KILOMÈTRES

Pendant la nuit, il y a eu échange de coups de feu entre un parti ennemi et les avant-postes.

Le zouave Aubin qui était en sentinelle a eu la poitrine traversée par une balle.

Ce zouave qui était doué d'une grande énergie a riposté par deux coups de feu, puis il est tombé. Il a été relevé par le poste voisin, le colonel lui a promis la médaille militaire, mais malheureusement ce brave soldat est mort huit jours après.

Départ à 6 heures, passage de rivière, les berges élevées offrent d'assez grandes difficultés, étape très pénible dans un terrain affreusement tourmenté, défilé très long et très dangereux; c'est la première fois que notre excellent guide se trompe, il avait annoncé une étape plus facile. Le défilé, de largeur variable, se prolonge pendant trois heures de marche ; il est dominé de chaque côté par des montagnes rocheuses à peu près inaccessibles, mais heureusement à crêtes dentelées et très tranchantes que l'ennemi couronnerait difficilement.

Le défilé se bifurque. Le colonel envoie un goum d'une centaine de cavaliers pour reconnaître le couloir de gauche. Le goum s'y engage et revient bientôt, déclarant qu'il n'ose pénétrer plus avant dans ce défilé étroit et encombré de rochers énormes, que l'ennemi est là et qu'il est trop dangereux de l'approcher davantage.

Il est impossible de décider ces gens à marcher, alors le 3e escadron du 4e chasseurs d'Afrique, capitaine Menenst, est envoyé en reconnaissance dans la même direction.

Il est formé en partie de bien jeunes cavaliers qui n'ont pas encore acquis toute leur force, et on a autant de mal à modérer leur ardeur qu'à pousser les goums en avant.

Les plus grandes recommandations de prudence sont faites par le colonel, et il y ajoute des ordres sévères que le capitaine observe, que les lieutenants détachés en patrouille observent un peu moins et que les sous-officiers et cavaliers observent fort peu. C'est bon pour une fois; l'attrait du danger les a grisés, mais à l'avenir, les ordres seront ponctuellement exécutés.

Au bout de quelque temps, le colonel, inquiet de ne pas voir revenir cette reconnaissance, fait à grand'peine couronner les hauteurs de gauche par de l'infanterie qui exécute deux feux de peloton et sonner le ralliement par tous les clairons. L'escadron rejoint, mais un peloton ne revient qu'au bout de deux heures, il a été fort loin pour rallier tout son monde et n'a vu que des groupes d'Arabes paraissant inoffensifs.

Il y a lieu de se méfier de cette ardeur irréfléchie de nos jeunes cavaliers qui, il faut bien le reconnaître, ne sont pas de force à lutter avantageusement avec les cavaliers trafis qui sont d'admirables combattants dans la force de l'âge, bien armés, et montés sur d'excellents chevaux qui sont peu chargés, entraînés, vigoureux et fort peu ménagés.

Le soldat français est plein de courage et d'audace, mais il a toujours un terrible apprentissage à faire au début d'une guerre avec les indigènes qui sont de vrais loups, toujours éveillés, toujours avides de carnage, toujours prêts à frapper vivement et à coup sûr.

Nos soldats sont insouciants, rêveurs, trop confiants dans les premiers temps, ils se gardent mal, et ce n'est que plus tard, après une sanglante initiation à cette guerre qu'ils deviennent attentifs et vigilants.

Cependant le défilé se rétrécit de plus en plus, les chameaux et les chevaux ne peuvent passer qu'un ou deux à la fois, la chaleur est excessive.

La colonne arrive vers quatre heures à un R'dir et s'installe au bivouac.

Ce R'dir est tout simplement un fossé rempli d'une eau bourbeuse, l'endroit est désert et porte le nom de R'-Çaf-el-Hammam.

Un goum ennemi a été signalé au loin. On annonce qu'un parti de Trafis est à Tazina. Le colonel envoie un goum de 200 cavaliers en reconnaissance dans cette direction. Il rapporte qu'il n'a rien vu.

Comme toujours, les chameaux, aussitôt après l'arrivée au bivouac, sont conduits au pâturage sous une garde de chasseurs d'Afrique (à défaut de spahis) renforcée de quelques postes d'infanterie.

A 7 heures du soir, l'ennemi est signalé, les goums partent au galop dans la direction du pâturage pour ramener les chameaux, les chasseurs d'Afrique montent à cheval pour les appuyer, le camp prend les armes.

Ce n'est qu'une fausse alerte, on a vu des partis ennemis dans le voisinage, mais ils sont peu nombreux.

En prévision d'une attaque de nuit ou d'un combat pour le lendemain, le colonel, à la réunion des chefs de corps et de détachements qui a lieu, chaque jour, une heure après l'arrivée au bivouac, renouvelle ses ordres et ses instructions et recommande de nouveau aux aghas de ne jamais se rapprocher de la colonne s'ils sont ramenés et de s'écouler à trois cents mètres le long de ses flancs en continuant à tirer sur l'ennemi.

Comme il faut s'attendre à un combat sérieux pour le lendemain et que probablement les deux Chellala seront difficiles à aborder, le réveil aura lieu à deux heures du matin, et on partira à quatre heures, afin d'avoir tout terminé pour la nuit.

Vers une heure du matin, une fusillade éclate, quelques balles sifflent dans le camp, mais personne n'est atteint.

Le 19 mai.

COMBAT D'EL-MOUALOK APPELÉ DEPUIS CHELLALA A 12 KILOMÈTRES DE R'-CAF-EL-HAMMAM, 18 DE CHELLALA ET 8 DE TAZINA.

Les officiers et les hommes ne dorment que bien peu, le service de sécurité, les gardes d'écurie.

emploient beaucoup de monde, aux fatigues de la marche se joignent celles qu'occasionnent les détachements chargés de remplir les tonnelets, de garder les ksours et les jardins, les sources et les chameaux au pâturage.

Les chevaux surexcités par la présence des juments des goums, se détachent, galopent dans le camp, renversent les tentes et se battent toute la nuit, enfin les attaques sont fréquentes, et presque toutes les nuits, il y a échange de coups de feu.

De plus, la nourriture est insuffisante, et cependant, les troupes sont pleines d'entrain et de vigueur.

La colonne qui est toujours régulièrement formée et qui n'a pas de traînards, marche ce jour-là, dès quatre heures du matin, gaiement, d'un bon pas et par un temps splendide, dans une grande plaine où l'on remarque deux montagnes parallèles, rocheuses, paraissant inaccessibles, et hautes de 200 mètres environ.

Elles se prolongent pendant quelques kilomètres dans la direction de Chellala, séparées l'une de l'autre par un large défilé et affectant toutes deux la forme pittoresque d'un immense navire retourné la quille en l'air.

Ces montagnes portent en raison de leur conformation le nom de Milok au singulier et de Moualok au pluriel ; c'est dans l'intervalle qui les sépare que la colonne doit s'engager.

Pendant la halte horaire qui a lieu à l'entrée du défilé, le colonel reçoit, comme tous les jours, d'un piéton arabe une lettre du caïd de Chellala qui lui annonce que les contingents de Bou-Amema s'avancent en deux colonnes, l'une passant par le défilé et l'autre par la plaine qui s'étend derrière le Milok de gauche, au sud et à la gauche de la colonne.

Les troupeaux et les tentes ont été expédiés par Bou-Amema, qui accepte le combat, sur Bou-Semghoun.

Le colonel fait appeler les deux aghas qui se sont arrêtés à l'entrée du défilé et leur donne l'ordre de faire reconnaître la plaine qui s'étend vers la gauche avec la moitié de leurs goums, pendant que la colonne s'engagera dans le défilé qui ne présente que des avantages au point de vue tactique et mène directement à Chellala.

Ce nom de défilé est impropre en raison de la grande largeur de la voie qui s'ouvre devant nous, c'est plutôt une grande vallée à fond plat, sans thalweg apparent.

Les goums n'osent pas s'avancer dans la plaine sans soutien, ils sont singulièrement intimidés, et le colonel doit renoncer à son projet de faire tourner la montagne du sud, ce qui a peu d'inconvénient, tout le monde passera par le défilé ou la vallée, les deux goums précédant la colonne à un kilomètre seulement.

Les flanqueurs arabes sont inutiles, le passage est large et facile, le sol uni, il y a environ 800 mètres du flanc gauche de la colonne à la montagne, et deux kilomètres du flanc droit à l'autre Milok.

Le colonel recommande aux aghas d'être attentifs à ses ordres, de ne pas engager le combat et de se tenir prêts à prendre leur poste de combat.

La colonne se remet en marche.

Elle est à peine entrée de toute sa profondeur dans la vallée, que l'ennemi est signalé.

On le voit très bien, occupant quelques mamelons et quelques rochers qui barrent la vallée à trois ou quatre kilomètres environ en avant.

Le colonel fait arrêter et serrer la colonne qui a d'ailleurs l'ordre et l'habitude de serrer à tous les arrêts.

L'infanterie, que l'on ménage le plus possible, met sacs à terre comme à tous les arrêts.

Les chefs de corps et de détachements sont prévenus de la présence de l'ennemi, afin qu'ils exécutent les ordres donnés et répétés depuis Géryville et qui consistent à faire serrer la colonne le plus possible et à faire rentrer les flanqueurs, l'avant et l'arrière-garde, de manière que rien ne gêne les feux du carré.

Le dispositif de marche est exactement celui qui a été décrit, la légion étrangère est en tête ce jour-là, les zouaves forment les deux colonnes protectrices des flancs, et les tirailleurs sont à la queue de la colonne, appelés à former la 4e face du carré.

Les zouaves sont au nombre de 713, chacun des huit pelotons qui garantissent les flancs de la colonne comprend donc de 80 à 90 hommes.

Le colonel Innocenti met pied à terre à la

tête de la colonne pour étudier les conditions du tir, et il remarque que l'ennemi, en raison des ondulations du sol, cessera d'être en vue pendant une partie de sa marche en avant pour l'attaque.

C'est un très grave inconvénient, et il se met lui-même à la recherche de la crête militaire qu'il trouve heureusement dans d'excellentes conditions à 200 ou 250 mètres en avant de la tête de colonne.

Il la fait occuper par deux compagnies de la légion étrangère qu'il fait déployer en ligne de bataille, elles formeront la première face du carré.

Aussitôt après avoir découvert la crête militaire, le commandant de la colonne a donné l'ordre au colonel Swiney des zouaves, commandant l'infanterie et commandant en second de la colonne, de faire serrer de nouveau la colonne en faisant apporter les sacs des deux compagnies de la légion, qui sont en tête à leur place définitive, par leurs camarades des deux autres compagnies qui vont les rejoindre ou au besoin par les chameliers.

Le mouvement tardant un peu à se faire, le

commandant de la colonne fait appeler le colonel Swiney qui vient aussitôt annoncer que la colonne serre et que le petit retard qui s'est produit a tenu à la mauvaise volonté et à la force d'inertie des chameliers qui ne se sont avancés qu'avec répugnance et n'ont apporté qu'une partie des sacs des deux compagnies de la légion.

Cela n'a pas grande importance, l'ennemi est toujours au loin, prenant ses dispositions d'attaque, les sacs sont dans le carré, on les retrouvera plus tard, et les cartouchières sont bien garnies, on n'aura pas besoin des cartouches du sac.

Chaque section d'artillerie est en position sur une éminence très favorable de trois ou quatre mètres de hauteur, dans l'intérieur même du carré, elles dominent la plaine et rendront d'excellents services pendant le combat.

Afin d'étendre la ligne de feu de la première face du carré qui sera le plus sérieusement attaquée, le colonel Innocenti donne l'ordre aux six pelotons des 5e et 6e escadrons de chasseurs d'Afrique, commandant Schürr, qui ne peuvent être qu'inactifs, s'ils restent en bataille dans le carré, de se porter en tête, de prendre le dispositif du combat à pied dans lequel ils excellent par la sûreté de leur tir et de prolonger vers la gauche la ligne de bataille de la légion étrangère qui forme la première face du carré.

Les chasseurs d'Afrique, exécutant ce mouvement, sont acclamés par les troupes d'infanterie, ce qui indique le bon esprit de camaraderie qui régnait dans la colonne.

Les chevaux haut le pied sont un peu en arrière sous la protection des feux des six pelotons de cavalerie et du peloton de zouaves le plus voisin qui reçoit l'ordre, à cet effet, d'avancer de quelques pas vers la gauche.

Le commandant de la colonne gravit à cheval un des deux petits plateaux occupés par l'artillerie et s'assure que la colonne a serré, les chameaux sont en partie couchés, les sokrars, mal disposés et en général très peu maîtres de leurs chameaux, n'ont pas voulu ou n'ont pas pu les faire coucher tous.

La colonne a pris la figure d'un carré long, la face antérieure ou première face est constituée par le bataillon de la légion étrangère en ligne de bataille, se prolongeant à droite en dehors de l'angle droit du carré en faisant un peu le crochet à droite pour protéger d'autant le flanc droit de la colonne ou deuxième face du carré. Le derrière de cette ligne est gardé par deux sections de la même arme.

Les six pelotons de chasseurs d'Afrique, dans le dispositif du combat à pied, prolongent, comme nous l'avons dit, la première face vers la gauche.

Les faces latérales du carré ou flancs de la colonne sont gardés, comme nous l'avons déjà dit également, par quatre pelotons de zouaves à droite et quatre pelotons de zouaves à gauche, se flanquant mutuellement sur chaque face.

Un cordon de chasseurs d'Afrique, dans l'intérieur du carré, enveloppe les chameaux pour les maintenir en dedans du cadre d'infanterie. Le bataillon de tirailleurs en bataille forme la 4e face ou face postérieure du carré et se replie en partie sur les faces latérales pour les défendre.

L'arrière-garde et les chasseurs d'Afrique en

flanqueurs sont rentrés dans l'intérieur du carré à l'exception des flanqueurs de droite qui, au lieu de rentrer individuellement au galop dans le carré suivant l'ordre donné par le commandant de la colonne, ont été ralliés beaucoup trop tard par leur jeune chef de peloton en trois groupes, d'après son propre rapport, et en dehors du carré, ce qui fait qu'ils ont été surpris par la retraite précipitée du goum de Si-Kaddour-ould-Adda, bousculés, frappés et rejetés dans le carré où ils ont eu à combattre l'ennemi qui s'était mêlé, comme nous le verrons, au goum allié.

Le colonel Innocenti qui craint avant tout le retour désordonné des goums qui peuvent masquer ses feux, leur a envoyé de bonne heure l'ordre de se retirer et de se masser : l'agha Si-Kaddour-ould-Adda à 500 mètres de la droite du carré et un peu en arrière de la ligne, l'agha Si-Sahraoui à 500 mètres à gauche et également en arrière du carré.

Ces ordres sont exécutés sans qu'un seul coup de fusil soit tiré, tout est prêt, chacun est à son poste de combat, et alors seulement, après quelques minutes d'attente recueillie, l'ennemi s'ébranle et avance lentement.

Il est très nombreux, sa ligne de bataille qui peut avoir deux kilomètres d'étendue est formée de fantassins et de quelques groupes de cavaliers, les grands chefs probablement, et elle barre à peu près toute la largeur de la vallée.

De plus, chaque aile est précédée d'une longue colonne composée de fantassins appuyant un goum de sept à huit cents cavaliers dont l'objectif est évidemment de se prolonger sur les flancs de la colonne pour l'attaquer latéralement et en queue.

Enfin, une troupe considérable de fantassins et de cavaliers dissidents a tourné la montagne d'El Milok par le sud pour attaquer la colonne par derrière.

Le nombre des dissidents est difficile à apprécier, il paraît être de quatre à cinq ou six mille hommes en avant.

On ne distingue pas suffisamment le corps qui nous attaque en queue et qui est caché en partie par une crête, pour pouvoir apprécier le nombre des combattants qui d'ailleurs seront toujours maintenus à une distance de 700 à 800 mètres.

Dans nos rangs, les officiers et la troupe sont vivement intéressés, mais aussi calmes qu'à la manœuvre.

Attaque de face

Le commandant de la colonne sait que Bou-Amema a annoncé à ses fanatiques adhérents qu'au jour du combat la poudre des Français se changerait en eau et que pas un musulman du bon parti ne serait tué, aussi pour ne pas les faire renoncer prématurément au combat, le colonel donne-t-il l'ordre de ne commencer le feu qu'à mille mètres.

Il se tient à cheval avec son fanion et ses officiers d'ordonnance derrière lui à deux ou trois mètres derrière la première ligne, à l'angle gauche du carré, entre les chasseurs et la légion, et de là, avec une bonne lunette, il peut suivre toutes les péripéties du combat.

Nos hommes du premier rang sont à genoux. Les premiers feux se font par salves tirées alternativement par la légion étrangère et par les chasseurs d'Afrique.

Aux premiers feux, beaucoup d'assaillants tombent, les autres, sans montrer la moindre hésitation, prennent le pas de course et continuent de s'avancer, excités par leurs chefs qui parcourent au galop la ligne de bataille avec une crânerie superbe.

Les décharges se succèdent rapidement, les victimes sont nombreuses, mais l'attitude des survivants est si remarquable qu'on ne peut s'empêcher de l'admirer sincèrement.

Les assaillants déchargent et rechargent leurs armes tout en courant. Dans ces conditions, leur tir manque de justesse, et on sent qu'ils ont hâte d'en venir à l'arme blanche et aux coups de feu à bout portant dans lesquels ils excellent.

L'ordre est donné à nos hommes de se relever et de continuer le feu debout et à volonté.

L'ennemi se rapproche toujours, et on fait mettre la baïonnette au canon, les officiers de l'état-major tirent leurs sabres et s'arment de leurs revolvers, mais, à cent mètres environ, l'ennemi qui n'a cessé de tirer jusqu'alors, fait demi-tour et, toujours courant, retourne à son point de départ en essuyant pendant quinze cents mètres encore les feux répétés de l'infanterie, des chasseurs et de l'artillerie qui atteint à coup sûr tous les groupes qui se forment.

Deux drapeaux ennemis sont tombés à quatre-vingts mètres du front de la colonne ou première face du carré, les Arabes qui les portaient ont été tués.

Les deux colonnes, précédant les ailes de la ligne ennemie, ont essuyé une partie des feux à longue portée de la première face du carré et des deux sections d'artillerie.

Quoique perdant du monde, elles ont continué de marcher et ont abordé nos goums qui se portaient lentement au-devant d'elles.

Quelques coups de fusil et beaucoup de paroles et de cris ont été échangés, nos goums ont fait demi-tour sans continuer malheureusement à faire feu sur l'ennemi qui les a joints et a paru se mêler à leurs groupes.

Attaque de gauche

C'est à ce moment que le corps de bataille

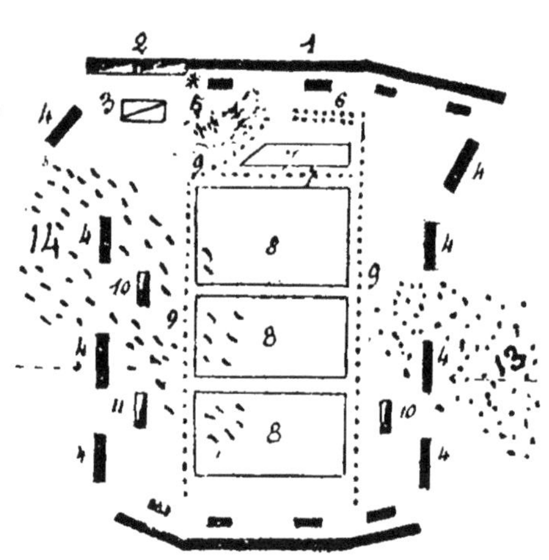

2
1
3
4
5
6
7
8
9
10
11
13
14

Dispositif de combat de la colonne Innocenti à Chellala

* Colonel Innocenti et son état-major.

1. Bataillon de la légion avec quatre pelotons en réserve.
2. 6 pelotons du 4e chasseurs d'Afrique combattant à pied.
3. Chevaux haut le pied.
4. Peloton de zouaves (8).
5. Artillerie en position (4 pièces).
6. Ambulance.
7. Chameaux des munitions avec escorte d'un peloton de chasseurs d'Afrique.
8. Chameaux du convoi.
9. 3 pelotons en colonne par un de chasseurs d'Afrique contenant les chameaux pour les empêcher de se jeter sur les combattants.
10. Peloton de flanqueurs rentré dans le carré.
11. Peloton d'arrière-garde rentré dans le carré.
12. Bataillon de tirailleurs avec 4 pelotons en réserve.
13. Goum de l'agha Si-Kaddour-ould-Adda se jetant dans le carré et y entraînant l'ennemi.
14. Fuite des chameaux à laquelle s'oppose le peloton d'arrière-garde de Lancyrie no **11**.

de l'ennemi était le plus menaçant, l'attention du commandant de la colonne a été forcément distraite, et il n'a pu continuer ses observations, mais il lui a été rendu compte, pour l'attaque de gauche, que le goum de gauche commandé par l'agha Si-Sahraoui avait, à peu près, observé les ordres donnés et s'il n'a pas voulu combattre, il n'a, du moins, causé aucun dommage, sauf celui de masquer un instant le feu des zouaves en se rapprochant d'eux, mais, sur la menace du capitaine de la 4e compagnie de tirer sur lui, il s'est éloigné et a découvert le goum ennemi qui est fusillé à 200 mètres et prend la fuite en laissant bon nombre des siens sur le carreau.

Attaque de droite

Le goum de l'agha Si-Kaddour-ould-Adda qui était au début à 500 mètres à droite du carré, s'est portée en avant, comme nous l'avons dit, a fait un simulacre de combat, puis demi-tour, s'est rapproché du carré en fuyant malgré les efforts de son brave et digne chef et a fini par se jeter sur le flanc droit de la colonne, au mépris de tous les ordres donnés, répétés depuis trois ou quatre jours et renouvelés avant le combat par l'entremise de M. l'interprète Bonello qui en témoigne.

Le feu des tirailleurs et des zouaves est momentanément suspendu, les chasseurs d'Afrique qui entouraient et contenaient les chameaux dans l'intérieur du carré et ceux qui étaient en flanqueurs de droite et de gauche et qui étaient rentrés dans le carré pour se rallier, s'élancent au-devant de ce goum et sont impuissants à l'arrêter, d'autant plus qu'ils hésitent à se servir de leurs armes contre des alliés.

Les Trafis, confondus avec le goum allié qui semble les accueillir, tuent par surprise nos jeunes chasseurs qui sont dans l'impossibilité de reconnaître leurs adversaires.

Qui peut dire si nos propres alliés, les Rézaina, par exemple, les Mérabtine ou les Ouled-Zian-Ghéraba qui faisaient partie de ce goum et qui, le jour même du combat, ont passé à l'ennemi, n'ont pas frappé eux-mêmes nos soldats?

Après l'action, on l'affirmait hautement, mais sans désigner les coupables que le colonel aurait fait fusiller sans la moindre hésitation s'il avait pu les connaître et les atteindre.

Le goum et les Trafis sont entrés dans le convoi, et là ils ont encore fait quelques victimes parmi les soldats d'infanterie qui s'y trouvaient pour surveiller les chameliers.

M. le sous-lieutenant de Lancyrie, commandant le peloton d'arrière-garde et qui était rentré dans le carré, voyant les chameaux s'échapper vers la gauche, s'élance de ce côté avec son peloton qu'il disperse pour rallier ces bêtes affolées par les coups de fusil et de canon. Il n'y réussit pas, et bientôt il se trouve, à son tour, lui et ses hommes, en présence de ce goum odieux composé de traîtres, d'amis peut-être et d'implacables ennemis qu'on ne peut distinguer les uns des autres.

Ce jeune officier reçoit trois coups de feu, il tue deux Arabes, mais un chamelier le frappe d'un violent coup de matraque (bâton noueux) sur le coude gauche et, d'un même coup de couteau, coupe les sangles de sa selle et éventre son cheval.

L'officier tombe, le cheval blessé le piétine, et c'est surtout, comme l'affirmait le médecin, des suites de cet accident que le malheureux est mort deux jours après.

La plupart des cavaliers de son peloton sont tués de même.

Cependant on reconnaît bientôt les cavaliers ennemis aux coups qu'ils portent, l'infanterie un instant hésitante, par la crainte de frapper nos alliés, les fusille à bout portant, les chasseurs d'Afrique, se préoccupant moins d'une méprise, ripostent énergiquement et après une courte et furieuse lutte dans laquelle un certain nombre de sokrars, armés de leur matraque et de leur couteau, se joignent aux assaillants, ceux-ci sont mis hors de combat ou expulsés du carré pour retomber sous les feux des zouaves et des tirailleurs qui reprennent avec vivacité.

L'ennemi s'enfuit dans toutes les directions, jonchant le sol de ses cadavres et n'ayant absolument rien pu enlever au convoi.

Les chameaux effrayés se sont dispersés d'eux-mêmes vers la gauche ou ont été entraînés par les sokrars. Ceux-ci agissent chacun suivant sa nature, les uns, fidèles à leur devoir, maintiennent leurs chameaux et restent en place, c'est l'exception, d'autres, et c'est le plus grand nombre, ne songeant qu'à se mettre à l'abri et à rejoindre Bou-Amema ou leurs douars, s'échappent seuls ou en emmenant leurs chameaux dont ils coupent les sangles et jettent les charges qar terre.

Tous ces lâches ou traîtres ont été connus depuis et ont été sévèrement punis, de même que les goumiers, qui, le jour du combat, ont également pris la fuite.

Les chameaux chargés des munitions et placés en tête du convoi, sous la garde d'un peloton de chasseurs d'Afrique, sont restés en place, leur charge est intacte.

Chez quelques sokrars, les mauvais instincts ont pris le dessus, ils ne songent qu'à voler, ils tentent de forcer quelques cantines d'officiers, ils éventrent avec leurs couteaux quelques sacs de la légion qui leur sont confiés, dérobent précipitamment ce qui les tente et s'empressent de fuir quand ils ne sont pas arrêtés par quelque coup de fusil ou de revolver que ne leur épargnent pas nos officiers et nos soldats.

Les plus cruels ou les plus fanatiques prennent part à la lutte, comme nous l'avons vu au sujet de M. le sous-lieutenant de Lancyrie, qui a fait, lui-même, aussitôt après le combat, sa déclaration au commandant de la colonne.

Attaque de la queue de la colonne ou 4e face du carré

Aussitôt que l'ennemi a été signalé et en exécution des ordres donnés précédemment par le colonel Innocenti, le commandant Jacquey, chef du bataillon du 2e tirailleurs algériens, fit rentrer sa compagnie d'arrière-garde et le peloton de chasseurs d'Afrique de M. de Lancyrie qui lui était adjoint et était placé sous ses ordres. Il dispose ensuite sa troupe en bataille, comme il était convenu et ainsi que nous l'avons déjà dit, de manière à former la 4e face ou face postérieure du carré en repliant les ailes sur les faces latérales, de manière à exécuter des feux en avant de lui à droite et à gauche.

Le commandant Jacquey, au début de l'affaire et d'après son propre rapport, voit déboucher en avant sur sa droite, de derrière la montagne qu'elle vient de tourner, une troupe de fantassins arabes appuyant un goum considérable qu'il accueille par des feux de salve tirés à la hausse de 800 mètres.

Les coups portent, et le goum ennemi s'ébranle au galop pour s'éloigner.

A ce moment, quelques Arabes que le commandant croit venus du goum allié ou de la tête de la colonne lui affirment qu'il tire sur les cavaliers de l'agha Si-Sahraoui, et il suspend son feu, néanmoins l'attaque a été repoussée et l'ennemi disparaît.

C'est alors que le goum de Si-Kaddour-ould-Adda vient se ruer aveuglément sur le flanc droit de la colonne et jette le désordre dans le convoi.

Les compagnies d'infanterie ne peuvent momentanément faire usage de leurs feux; mais sous la rude attaque des chasseurs d'Afrique renfermés dans le carré, la séparation des Trafis et de notre goum s'opère promptement, et l'ennemi prend la fuite, comme nous l'avons déjà dit, sous le feu meurtrier des zouaves et des tirailleurs.

Ainsi une lutte très vive était engagée simultanément en tête, sur les flancs et en queue de la colonne.

Aussitôt que le colonel Innocenti peut quitter la tête qui a été le point le plus menacé, il se porte en arrière et voit l'ennemi en fuite et le convoi, non pas entraîné par l'ennemi, mais fuyant pour son compte, débandé, à sa suite et par conséquent très exposé à être pris.

Le colonel donne aussitôt l'ordre aux goums dont une partie seulement est passée à l'ennemi, de se porter à toute vitesse dans toutes les directions où ils apercevront des chameaux et de les rallier sur la colonne.

Les quatre escadrons de chasseurs d'Afrique, commandants Oudet et Schürr, reçoivent en même temps l'ordre de suivre les goums, de les surveiller et de les protéger contre un retour offensif de l'ennemi ; au besoin, ils combattront nos propres alliés et ramèneront eux-mêmes les chameaux.

Ces ordres sont parfaitement exécutés, tant par les goums qui cherchent à faire oublier leur faiblesse et leur faute et dont le courage s'éveille devant la fuite de l'ennemi que par les chasseurs d'Afrique qui sont toujours ardents et prompts à faire leur devoir.

Les goums ramènent une grande partie des sokrars et à peu près tous les chameaux.

L'ennemi n'en a pris aucun, et si quelques-uns ont disparu, ce qui est assez difficile à constater, ils ont été emmenés par les sokrars fugitifs qui en sont propriétaires ou responsables vis-à-vis des propriétaires. La colonne n'a pas à s'en occuper beaucoup, car elle n'en a pas besoin, puisque le lendemain elle renverra à Géryville 600 chameaux haut le pied, y compris ceux des goums, qui ont été allégés, puis déchargés successivement par suite de la consommation de six jours de vivres depuis le départ de cette ville.

Pendant qu'on rallie aussi heureusement le convoi, le combat continue, mais contre un ennemi défait, dispersé, qui se cache au loin vers la droite au Nord-Ouest dans le lit d'une rivière à sec, derrière des collines de sable et des rochers de grès rouge ou dans quelques plis de la montagne de gauche. Les deux sections d'artillerie tirent dans les groupes avec une précision qui ne se dément jamais.

Un goum, très calme, passe à 800 mètres au pas le long de la colonne à droite se dirigeant dans la direction de Chellala. Personne ne reconnaît l'ennemi, il échappe ainsi, probablement pour la seconde fois aux feux du bataillon de tirailleurs, mais il est bientôt reconnu, le colonel le désigne aux coups de la légion et de l'artillerie. Il s'éloigne, cherchant un abri dans les roches rouges, les abus l'y suivent.

Le commandant de la colonne envoie pour le débusquer le commandant Jacquey avec deux compagnies de tirailleurs. Le goum s'éloigne de nouveau et toujours au pas, mais le commandant lui envoie plusieurs salves à mille et douze cents mètres, et comme les balles semblent porter encore, on voit bientôt le goum prendre le galop et disparaître à l'horizon.

On a cru reconnaître Bou-Amema dans ce groupe, mais en réalité, on n'a pas su où il se tenait pendant le combat.

L'ennemi, très maltraité, est en fuite dans toutes les directions, on ne l'aperçoit plus, c'est une déroute complète.

En résumé, l'approche des dissidents a été annoncée par la lettre du caïd de Chellala à la

3e pose, vers 7. h; à 7 h. 1/2, l'ennemi est signalé; à 8 h. 1/4, il commence son attaque; à 8 h. 50, il est en fuite de toutes parts; à 9 h., le convoi est rallié, et jusqu'à 10 h. 1/2 on continue à débusquer et à fusiller les groupes qui ont cherché un abri dans les ravins et les roches.

Parmi les dissidents, les victimes sont nombreuses, mais il n'est pas possible de les compter, parce que le champ de bataille a des proportions considérables en raison de la longue portée de nos armes et que, rappelés par des soins urgents, les officiers et les troupes ne peuvent se porter sur les points où des Arabes seuls sont tombés, il faut avant tout, rechercher avec soin nos blessés et nos morts, et reconstituer notre convoi.

Cependant, un état a été dressé au sujet des pertes de l'ennemi.

En prenant les chiffres les plus élevés des évaluations faites par une dizaine d'officiers et de sous-officiers, expédiés par le colonel sur différents points, excepté en avant du front où personne ne s'est rendu, parce qu'on ne devait y relever aucun de nos hommes, on trouve un total de 549 tués.

La moyenne des évaluations donne le nombre 454. Les rapports des officiers et sous-officiers sont au dossier.

L'agha Si-Kaddour-ould-Adda, fort bien renseigné par les indigènes, estime que l'ennemi a eu de 400 à 500 morts.

L'estimation du caïd de Chellala va jusqu'à 600 tués.

En adoptant le chiffre 300, on fait la part de l'exagération, d'autant plus qu'on ne tient pas compte des morts qui ont été enlevés suivant l'habitude constante des Arabes, et on doit ainsi se rapprocher de la vérité.

L'ennemi a dû avoir de 600 à 700 blessés.

Pendant le combat, la colonne a tiré 33,204 cartouches de fusil, 39 obus ordinaires et 2 obus à balles.

On n'a fait aucun prisonnier, il est de tradition dans cette guerre que l'on tue tous les ennemis que l'on peut atteindre, à l'exception des blessés qui ne peuvent plus se défendre et que les Français abandonnenf sur le champ de bataille où ils sont secourus par leurs frères après le départ de la colonne. Les Arabes, moins généreux, coupent la tête des Français blessés après les avoir martyrisés.

Aucun Arabe n'a demandé l'aman (merci).

Après l'affaire, un des premiers soins du commandant de la colonne est de faire former un grand cercle par les chasseurs d'Afrique et d'y renfermer les chameaux et les sokrars qu'on a repris.

Pour suppléer à l'absence des sokrars qui ont pris la fuite, le colonel demande et trouve des chameliers de bonne volonté, mais peu expérimentés parmi les tirailleurs.

Toutes les troupes, à l'exception de la légion étrangère, que le colonel désigne pour veiller et s'opposer à un retour offensif, d'ailleurs peu probable de l'ennemi, sont formées en ligne sur un rang, et sillonnent, comme d'immenses râteaux, le champ de bataille.

Les morts et les blessés sont recueillis par les cacolets et apportés à l'ambulance.

Les effets, les caisses à biscuit, presque toutes disloquées de longue date par les chutes fréquentes qu'elles ont faites pendant la route, les tonnelets, les thellis, les selles, les sangles et les cordes des chameaux sont rassemblés et formés en pyramides assez élevées et facilement apercevables.

D'autres corvées vont recueillir sur ces tas d'effets tout ce qui constitue le harnachement des chameaux et le portent aux tirailleurs et aux sokrars qui harnachent ces animaux, les sortent du cercle, les dirigent vers les agglomérations d'effets pour les charger et les ramènent dans le cercle.

Peu à peu, des chameliers, sortant des trous où ils se sont cachés, rejoignent la colonne, et l'opération continue avec succès.

Ce qu'on ne pourra charger sur les chameaux sera divisé autant que possible et porté par les hommes, ils rempliront leurs sacs, leurs poches de biscuit, les cavaliers porteront les tonnelets, on s'acheminera vers Tazina, qui est à 8 kilomètres de là, et on y trouvera de l'eau ardemment désirée par tous, car la chaleur est insupportable et le soleil dévorant.

On n'abandonnera rien que quelques effets et cantines d'officiers qu'on ne peut charger sur les chameaux, faute de bâts et de cordes, leurs propriétaires absorbés par leur service, ne peuvent s'en occuper, et personne n'est là pour les remplacer intelligemment.

Le commandant de la colonne va visiter l'ambulance et donne l'ordre au détachement du génie de creuser une fosse, pendant que les chefs de détachement, les officiers et les sous-officiers fouilleront les morts et constateront leur identité et la nature de leurs blessures.

Chaque blessé est vu, encouragé, consolé autant que possible par le colonel qui félicite les médecins du dévouement dont ils font preuve et se rend ensuite à la légion qui se plaint d'avoir perdu une partie de ses sacs, et ces sacs sont à 200 mètres en arrière d'elle.

Sur l'avis du colonel, le brave commandant Laffont qui surveille l'horizon pour prévenir toute surprise, donne l'ordre à ses hommes d'aller chercher leurs sacs, mais au lieu de les rapporter tous indistinctement pour se les partager ensuite, chacun cherche le sien et, ne le trouvant pas, renonce à chercher plus longtemps.

Le commandant Laffont fait recommencer la corvée, et ses hommes, à l'exception de quelques-uns, retrouvent leurs sacs dont plusieurs ont été éventrés d'un coup de couteau et fouillés.

Le colonel retourne au détachement du génie et s'aperçoit qu'après un travail assidu de trois heures, la fosse n'a que vingt centimètres de profondeur, on n'a pas eu l'idée de chercher un terrain plus facile; il s'acquitte lui-même de ce soin et trouve à cent cinquante mètres plus loin un ravin que l'on peut facilement creuser pour y enterrer les morts que l'on recouvrira ensuite sans difficulté d'une forte couche de sable et de pierres.

Les trente-sept cadavres sont apportés, reconnus de nouveau et ensevelis.

Le colonel prononce quelques paroles d'adieu avec la pensée pénible que malgré toutes les précautions prises pour dissimuler l'emplacement de ces sépultures, elles seront découvertes et indignement violées par les Arabes.

Cet épisode des sacs et de la fosse n'est rappelé que pour caractériser l'état des esprits après l'affaire.

Il semble que tous les hommes sont sous l'influence d'une idée absorbante, cela tient-il à la fatigue, à la soif qui est extrême, à la chaleur qui est accablante ou plutôt au souvenir très vif de la brillante affaire qui vient d'avoir lieu ?

Toujours est-il que les songes ne s'envolent et que l'activité ne renaît qu'à l'appel énergique du colonel qui sent tout le poids de la terrible responsabilité qui pèse sur lui.

Il rédige rapidement et adresse au général un rapport au crayon sur l'affaire qui vient de se passer et le confie à quelques goumiers qui, à la faveur de la nuit et de leurs vêtements, en tout semblables à ceux des dissidents, espèrent arriver à Géryville le 20 au soir.

Le colonel hâte le chargement des chameaux que les tirailleurs sont inhabiles à faire coucher, cependant tout s'organise peu à peu, l'appel est fait dans tous les corps et le signal du départ est donné.

L'appel fait ressortir que nous avons malheureusement 37 morts, 16 blessés, 15 disparus.

Nos goums ont fait des pertes insignifiantes, que les aghas ne peuvent préciser en raison du grand nombre de cavaliers qui ont pris la fuite ou rejoint Bou-Amema.

Si notre colonne n'avait pas été encombrée de ces 1,400 goumiers d'une fidélité plus que douteuse, indisciplinés, affamés, ne voulant ni marcher, ni combattre qu'elle traînait avec elle, le combat de Chellala nous eût coûté moins cher, il n'y aurait eu de notre côté que quelques tués et blessés, et les chameliers eussent été plus facilement maintenus.

D'autre part, si par ordre supérieur, les cavaliers des goums alliés étaient rendus reconnaissables à l'aide d'un signe très apparent, tel qu'un capulet rouge, les colonnes ne seraient pas exposées aux terribles méprises qui de tous temps ont fait tant de victimes.

Le récit du combat qu'on vient de lire n'est point fantaisiste comme tout ce qui a été publié à ce sujet, il est l'expression de la vérité. Le commandant de la colonne qui a pris toutes les dispositions et donné tous les ordres, en accepte la responsabilité, il a suivi toutes les péripéties du combat avec l'attention et l'intérêt qu'on apporte à une opération que l'on dirige seul, et il déclare sur l'honneur qu'il n'a dit que la vérité, sans rien dissimuler, sans rien omettre. Son récit est identique à ce qu'il a écrit, il y a douze ans, dans son rapport général à l'autorité supérieure.

Le soir même du combat, il a demandé un rapport détaillé aux officiers de tous les grades de la colonne qui avaient à rendre compte des événements et de l'exécution des ordres qu'ils avaient reçus, ces rapports lui ont été fournis en grand nombre le lendemain 20 mai à Tazina, et c'est sur le vu de ces nombreux rapports, qui sont encore tous au complet et en sa possession, qu'il a rédigé le récit des détails qui lui ont nécessairement échappé pendant une partie de l'action, lorsqu'il était lui-même directement engagé.

Ces mêmes rapports prouvent l'exactitude des assertions du colonel.

« On a dit que le colonel avait été surpris par Bou-Amema.

On n'est pas surpris quand on se porte, sur sa demande, au-devant de l'ennemi et qu'on est averti la veille et le matin du combat que l'ennemi accepte la lutte et se porte à votre rencontre.

« On a prétendu que le colonel avait entouré sa colonne d'un cordon de chasseurs d'Afrique qui a paralysé les feux du carré.

Le dernier des soldats ne ferait pas une sottise pareille, quelques esprits malveillants ou bien naïfs ont confondu le cordon intérieur de chasseurs d'Afrique qui contenait à grand' peine les chameaux pour les empêcher de se jeter sur le cadre des troupes d'infanterie qui entourait le carré avec le cordon imaginaire et stupide qui se serait trouvé au dehors.

Il n'y avait, comme flanqueurs de la colonne, qu'un peloton à droite et un peloton à gauche qui avaient l'ordre de rentrer individuellement au galop, aussitôt l'ennemi signalé.

Voici l'ordre textuel dont nous avons l'original sous les yeux.

Ordre permanent du 15 mai 1881 :

Les cavaliers, faisant le service de flanqueurs, observeront attentivement l'horizon, ils fouilleront le terrain sans s'écarter à plus de 400 mètres de la colonne, ils préviendront par un coup de feu de l'approche de l'ennemi et se replieront au galop derrière l'infanterie afin de ne pas gêner ses feux.

Colonel INNOCENTI.

Le peloton de gauche s'est conformé à cet ordre, le peloton de droite commandé par un jeune officier inexpérimenté et un peu trop confiant en lui-même, a été rallié par son ordre, ainsi qu'il en rend compte dans son rapport, en trois groupes qui n'ont pas mis assez d'empressement à rentrer dans le carré. Le groupe de tête, commandé par l'officier, a été, comme nous l'avons dit, rejoint par le goum allié de Si-Kaddour-ould-Adda, frappé et bousculé.

Il s'était cependant écoulé trois quarts d'heure environ entre le moment où l'ennemi a été signalé et l'attaque, et les flanqueurs, observant l'ordre du colonel, pouvaient s'abriter derrière l'infanterie en moins de deux minutes.

Que peut-on reprocher au colonel?

D'avoir reporté la colonne en avant après l'avoir arrêtée?

Cela était parfaitement indiqué pour gagner la crête militaire qui a une importance capitale.

D'avoir trop accusé son mouvement en avant à la recherche de cette crête?

On ne peut la prendre que là où elle se trouve,

le colonel s'est porté au plus à 250 mètres, mais quand il se serait porté à 600 mètres, quelle faute aurait-il commise, et depuis quand une colonne ne peut-elle plus se mouvoir sur un champ de bataille?

On a prétendu que la colonne n'avait pas serré.

L'ordre permanent avait été donné par écrit à la colonne de serrer le plus possible à tous les arrêts, c'est d'ailleurs une règle élémentaire, absolue et toujours observée dans toutes les colonnes, même celles des bébés des crèches, de plus, le commandant en second de la colonne a été chargé spécialement de faire serrer la colonne pendant que le colonel Innocenti disposait la première face du carré.

Toutes les dispositions prises, le colonel, du haut de son cheval et de la butte occupée par l'artillerie, a vu la colonne très suffisamment serrée, tous les officiers et sous-officiers du 6e escadron de chasseurs d'Afrique qui s'est porté sur le flanc gauche, de la queue à la tête de la colonne pour combattre à pied, affirment par écrit que la colonne était compacte, et Monsieur Dunoyer, lieutenant, commandant le 4e peloton du 4e escadron, placé sur le flanc droit du convoi pour le contenir dans le carré, fait la même déclaration dans son rapport sur le combat fait le soir même ou le lendemain matin.

Il est évident que dès le début de l'attaque il n'en a plus été de même, puisque les chameliers et les chameaux effrayés se sont échappés du carré où naturellement des vides se sont produits.

D'ailleurs, en admettant, ce qui n'est pas, que les chameliers n'ont pas serré suffisamment malgré les ordres du commandant de la colonne et les vigoureux efforts du commandant en second, aussi énergique qu'intelligent, en quoi peut-on le reprocher au commandement?

Il n'en est pas plus responsable que de la déroute du goum de droite qui n'a pas exécuté les ordres donnés à plusieurs reprises par le colonel, comme l'établissent les rapports de l'agha Si-Kaddour-ould-Adda lui-même et de MM. les interprètes militaires Guérin et Bonello.

On a prétendu qu'un escadron en dehors du carré avait gêné les feux.

C'est absurde.

Nous n'avions que quatre escadrons dont voici l'emploi :

4e chasseurs d'Afrique. — 3e escadron. — Capitaine Menenst. — 3 pelotons maintenant le flanc gauche du convoi dans l'intérieur du carré. — 1 peloton en flanqueurs de gauche de la colonne.

4e escadron. — Capitaine Paullard. — 3 pelotons maintenant le flanc droit du convoi dans l'intérieur du carré. — 1 peloton en flanqueurs de droite.

5e escadron. — Capitaine de Chalendar. — 3 pelotons, qui marchaient en bataille en tête du convoi, dans le carré, exécutent le combat à pied en prolongeant vers la gauche la 1re face du carré. — 1 peloton gardant les munitions en tête du convoi dans le carré.

6e escadron. — Capitaine Roux. — 3 pelotons, qui marchaient en bataille à la queue du convoi dans le carré, exécutent le combat à pied avec le 5e escadron. — 1 peloton aux ordres du capitaine d'infanterie commandant l'arrière-garde.

Où trouver alors l'escadron qui appuyait les goums et gênait les feux de l'infanterie?

Dans l'imagination de gens qui parlent de toutes choses d'un cœur trop léger et se préoccupent fort peu du mal qu'ils peuvent faire par leurs fausses assertions.

Le commandant de la colonne déclare que tous les ordres qu'il a donnés, toutes les dispositions qu'il a prises spontanément il les donnerait ou les prendrait encore aujourd'hui après mûre réflexion, et en cela il est approuvé par des officiers jeunes et vieux d'une capacité reconnue.

Vingt-quatre heures après le combat, le général était déjà renseigné à Géryville par la rumeur publique et envoyait la dépêche suivante au général de division :

(Registre. Cabinet n° 742. — Mascara.)

Géryville, 20 mai.

« D'après les renseignements qui me par-
« viennent à l'instant (9 heures du matin), la
« colonne a attaqué les Trafis hier matin en
« avant de Chellala, les a complètement battus
« et leur a fait subir des pertes considérables. »

Quatre jours après, une dépêche de Sebdon qui est au dossier, apprenait à la division que les Arabes de l'ouest confirmaient le bruit de la déroute de Bou-Amema.

Un autre télégramme adressé au commandant du XIXe corps par le général de division est ainsi conçu :

« Un cavalier insurgé des Ouled-ab-del-« Kérim, venu à Tiout après le combat du 19, « auquel il avait assisté, a raconté que l'affaire « avait été acharnée, qu'ils y avaient éprouvé « de très grandes pertes dont on n'avait pu « évaluer le chiffre. »

La colonne quitte le champ de bataille vers 3 h. 1/2, marche dans l'ordre habituel et arrive à Tazina vers 6 heures.

On s'occupe avec la plus grande activité à remettre tout en ordre. Les hommes rapportent fidèlement au convoi les vivres qu'ils ont recueillis.

Le recensement est fait, on complète les vivres de sac à quatre jours, et cette opération terminée, il reste encore, d'après le rapport de l'officier comptable, huit jours de vivres.

Contre toute attente, on n'a donc rien perdu

en fait de vivres, puisque le colonel a rendu compte le 17 mai, également sur le rapport de l'officier comptable, que la colonne était alignée en vivres jusqu'au 1er juin et qu'après l'affaire on trouve qu'elle est dans les mêmes conditions.

Cependant on constatera plus tard, comme toujours, un petit déchet dans les provisions de sac, et le 29, la colonne n'aura plus qu'un jour et demi de vivres, il lui manquera une demi-journée.

Ces déchets sont inévitables, comme le fait remarquer le général Yusuf et ainsi que l'ont constaté tous les commandants de colonne.

Quelques tonnelets de vin et d'eau-de-vie avaient été, comme les autres charges, jetés à terre par les chameaux.

Six soldats, un artilleur, un tirailleur et quatre légionnaires, oublieux de leur devoir, en ont profité, et se cachant, au moment du départ, derrière un rocher, ils se sont enivrés. Ils avaient répondu à l'appel qui a eu lieu après le combat, mais ils n'ont plus reparu, et à l'appel du soir, on les a signalés comme disparus. Quelques-uns de leurs camarades qui avaient partagé leurs libations, mais sagement, n'ont pu donner aucun renseignement sur leur sort qui n'est, malheureusement, que trop facile à deviner.

Le 20 mai.

SÉJOUR A TAZINA

La nuit a été calme, l'ennemi ne s'est pas montré, les hommes et les chevaux, après quatorze heures de marche et de combat, se reposent à merveille; mais à la pointe du jour, le travail recommence, un assez grand nombre de sokrars rentrent, les harnachements des chameaux sont reconstruits et réparés.

On constate la disparition d'un grand nombre de goumiers qui étaient pour la plupart sous les ordres de l'agha Si-Kaddour-ould-Adda.

Le caïd Bel-Hadri, fils du Bach-Agha de Frendah, avait 350 goumiers, et après l'affaire, il ne lui en reste plus que 60.

Six cents chameaux haut le pied, dont 200 des goums sont dirigés sur Géryville sous l'escorte de Bel-Hadri et de ses 60 goumiers, ils vont concourir à la formation d'un autre convoi.

Les chameaux sont consignés au camp, car on ne peut compter sur les chameliers qui cherchent toutes les occasions de fuir.

Une corvée générale rapporte de l'alfa et du thym pour la nourriture des chameaux qui la refusent, ils veulent brouter, la choisir eux-mêmes, et il faut, pour éviter de les voir dépérir, se décider à les laisser sortir sous bonne garde.

Une grande irritation régnait naturellement dans la colonne contre les cavaliers des goums et les chameliers qui s'étaient si mal conduits pendant le combat et que l'on accusait d'avoir pris part au pillage.

Le colonel prescrivit des recherches qui amenèrent, en effet, la découverte, particulièrement chez les chameliers, de quelques effets appartenant à des officiers.

Les coupables qui prétendent avoir simplement ramassé ces effets sur le champ de bataille, sont roués de coups par les soldats indignés, et ils auront à répondre de leurs actes au retour de la colonne.

Le colonel fait paraître un ordre pour féliciter la troupe de son attitude pendant le combat de la veille qui prendra le nom d'El-Monalok et qui fut désigné plus tard par l'autorité supérieure sous le nom de Chellala ; il flétrit la conduite des goums et des chameliers, les premiers, de sa propre autorité, seront licenciés à l'exception de 120 hommes, 60 par goum qui seront choisis et commandés par les aghas eux-mêmes ; tous les autres cavaliers, après avoir donné leurs cartouches et leurs vivres à ceux qui doivent rester, rejoindront leurs douars.

La nécessité de réduire les goums sur la fidélité desquels on ne peut compter a été reconnue plus tard, mais trop tard par l'autorité supérieure, et les colonnes actuelles ne comptent plus qu'une centaine de cavaliers indigènes que l'administration militaire nourrit ainsi que les chameliers, ce qu'elle ne faisait pas dans la colonne Innocenti.

Le colonel, sous sa responsabilité, donne à tous les cavaliers, gardiens du convoi, le droit de vie et de mort sur les sokrars qui voudront fuir ou refuseront de marcher.

Le réveil sera sonné le lendemain à 4 heures, et l'on partira à 6 heures pour Chellala où s'est réfugié Bou-Amema.

Les aghas supplient le colonel de conserver encore les goums, considérablement réduits d'ailleurs par la défection et de leur donner asile dans l'intérieur du carré ; sans cela, ils seront tous massacrés, disent-ils, par l'ennemi qu'on s'attend à trouver plus nombreux à Chellala et qui ne leur pardonnera jamais leur alliance avec les Français et la fidélité relative dont ils ont tait preuve la veille.

Le colonel se laisse fléchir et consent, non sans répugnance, à les conserver et à les abriter dans le carré, ils formeront un cordon autour du convoi qui sera ainsi encadré par des cavaliers indigènes qui ont l'habitude de la conduite difficile des chameaux, par des chasseurs d'Afrique qui les surveilleront et enfin extérieurement, de chaque côté, par un demi-bataillon d'infanterie comme d'habitude.

Ces demi-bataillons, au lieu d'être disposés comme dans la journée du 19 en colonnes par pelotons, formeront deux colonnes latérales continues de la tête à la queue, sur un ou deux hommes de front, de manière que la colonne puisse se transformer rapidement en carré garni de feux et hérissé de baïonnettes de tous côtés.

Ces deux dispositifs se valent.

L'un, à périmètre continu, est un peu plus favorable à la défense du convoi et à son maintien en ordre; l'autre, employé le jour du combat, offre plus de sécurité aux hommes qui restent massés.

Le commandant de la colonne, en abritant les goums dans le carré, se rend bien compte qu'il est dangereux pour les troupes d'avoir ainsi derrière elles un millier d'hommes, tant goumiers que convoyeurs, sur lesquels on ne peut guère compter et qui peuvent, à un moment donné, les trahir et les surprendre, mais, en dehors du carré, ils seraient plus gênants et plus dangereux encore, et il faut considérer qu'ils ne sont pas responsables de la défection et des crimes de leurs camarades, qu'ils peuvent être utiles et demandent à se réhabiliter, d'ailleurs il serait impolitique de les traiter en ennemis et de provoquer ainsi un soulèvement général de toutes les tribus restées fidèles à la France.

A la tombée de la nuit, des coups de feu partent d'un piton élevé, situé à l'ouest, mais en raison de la distance, ils ne peuvent atteindre personne.

Vers 11 heures du soir, la fusillade éclate, et en quelques instants le camp est sur pied, les hommes restant dans l'obscurité, l'arme au pied, et observant le plus grand silence. Les compagnies de piquet se tiennent prêtes à agir, le service de sûreté riposte, un soldat de la ligne est tué, les deux chevaux de M. le commandant Jacquey et 18 bœufs s'échappent, on n'a pu les retrouver.

Le calme se rétablit.

Le 21 mai.

D'AIN-TAZINA A CHELLALA-DAHRANIA

26 KILOMÈTRES

Réveil à 4 heures, départ à 7 heures.

La colonne n'a pas d'autres éclaireurs que 15 goumiers de choix, en avant, et autant sur les côtés.

De nombreux groupes ennemis se montrent

dans toutes les directions, et une fusillade nourrie et à peu près constante accompagne la colonne, mais les balles tirées à une trop grande distance n'atteignent personne, la colonne ne riposte pas, car ses balles elles-mêmes auraient peu de chance d'atteindre l'ennemi.

Marche lente et pénible dans un terrain difficile mais découvert, les blessés souffrent beaucoup, M. le sous-lieutenant de Lancyrie meurt sur son cacolet à l'ambulance.

Vers 4 heures seulement, on arrive en vue de Chellala-Guéblia, une fusillade assez vive retentit de ce côté, et on voit le caïd en burnous écarlate se diriger au galop allongé vers la colonne, il rend compte qu'il a toujours résisté aux attaques des Trafis, que la dernière vient d'avoir lieu et que les portes de son ksar nous sont ouvertes.

Il demande l'autorisation de marcher avec la colonne, et il en reçoit l'ordre avec défense de la quitter.

Un rideau de rochers s'élève entre Chellala-Guéblia qui est dans la plaine et Chellala-Dahrania qui occupe à l'ouest-nord-ouest, à 5 kilomètres de là, un gradin situé un peu au-dessous du plateau. Cette ligne de rochers, d'un accès difficile, n'est percée que par quelques défilés étroits que l'on croit défendus par l'ennemi.

Le colonel fait occuper par la compagnie de réserve de l'avant-garde celui de ces défilés qui paraît le moins dangereux et s'y engage avec sa colonne.

L'ennemi se tient à distance et ne profite pas du terrain qui serait très favorable à la défense ; on sent que la crainte qui le retient, est plus forte que la haine qui l'anime.

Après une ascension assez prolongée et très pénible, Chellala-Dahrania est devant nous, il a comme le Ksar que nous venons de voir sans nous arrêter, et comme les Ksours des Arbaouat, l'aspect d'un château fort du moyen âge, avec ses nombreuses tours carrées, percées d'ouvertures étroites et irrégulières, s'élevant au-dessus du corps principal, qui est constitué par les maisons particulières appuyées les unes aux autres et formant ainsi l'enceinte extérieure percée de nombreux créneaux.

Les toits sont disposés en terrasses avec parapets extérieurs, ce qui permettrait à une garnison un peu nombreuse d'opposer à l'assaillant un développement de feux vraiment redoutable.

Le caïd Ben-el-Lia de Chellala-Dahrania, accompagné du caïd de Bou-Semghoun, se présente avec son burnous d'investiture pour annoncer au colonel qu'il peut entrer dans le Ksar et l'assurer qu'il y est resté enfermé avec ses hommes pendant que les Trafis en occupaient les abords.

Cette affirmation pas plus que celle des caïds de Chellala-Guéblia et de Bou-Semghoun n'est croyable.

Il est évident que Bou-Amema a dû pénétrer dans les Ksours, dont les habitants, très peu nombreux, très mal armés et pour la plupart maladifs, contrefaits, estropiés, sont absolument incapables de résister pendant un mois à une troupe aussi nombreuse et aussi entreprenante que celle du marabout.

Quoique le fait n'ait pas été constaté, ils ont certainement ouvert leurs portes aux Trafis aussi bien qu'à l'armée française; c'est le sort auquel les condamne leur faiblesse.

Il serait certainement avantageux de mettre

une garnison importante dans le Ksar de Chellala-Dahrania, et d'y installer des magasins importants.

L'eau y est abondante et très bonne, et les sources qui sont sous le feu du Ksar seraient très faciles à défendre.

A 6 heures du soir, le camp est établi sur le plateau qui domine le Ksar et, comme toujours, dans une bonne position défensive.

On aperçoit, à 16 kilomètres dans la plaine, le camp de Bou-Amema ; mais la colonne vient de faire 12 heures de marche, les hommes sont fatigués, et il est bien certain qu'au premier pas que l'on ferait pour marcher contre l'agitateur, il s'empresserait de décamper.

Bou-Amema dispose évidemment de forces considérables, puisque son camp renferme une très grande quantité de tentes, et que la colonne vient de traverser depuis Tazina des groupes très nombreux et très hostiles qui probablement le rejoindront.

Les cimetières des deux Chellala comptent un grand nombre de fosses, récemment comblées et recouvertes de lambeaux d'étoffe sanglants portant la trace de balles ; elles renferment les victimes du combat du 19 qui ont été emportées du champ de bataille.

Le 22 mai.

SÉJOUR A CHELLALA-DAHRANIA

La nuit a été troublée par de nombreux coups de fusil; une balle a traversé la tente d'un adjudant et s'est arrêtée dans les plis nombreux de sa couverture.

Les coups partent principalement des jardins du Ksar qui sont occupés par des dissidents, les avant-postes leur répondent énergiquement, et le calme se produit.

Les soldats ont toujours une grande tendance à détruire et à piller, des patrouilles les surveillent, et le camp est consigné. L'ennemi est proche et menaçant, des groupes considérables se font voir dans le sud et dans l'ouest.

Une alerte est donnée vers une heure du soir, au moment où les officiers réunis vont rendre les derniers devoirs à M. le sous-lieutenant de Lancyrie, ils se portent rapidement à la tête de leurs troupes qui lèvent le camp et prennent les armes.

Le colonel prononce quelques paroles d'adieu

sur les tombes du jeune officier et d'un brigadier mort le jour même à l'ambulance, et monte à cheval pour faire une reconnaissance.

Les goums, appuyés par un escadron de chasseurs d'Afrique, l'ont précédé et reviennent bientôt, n'ayant pu reprendre à l'ennemi qui s'est empressé de les faire filer, 15 chameaux appartenant aux goums que ceux-ci ont laissé paître à une trop grande distance du camp et sous une garde insuffisante; les Trafis, toujours aux aguets, les ont enlevés.

L'ennemi s'éloignant, le camp est rétabli, le départ est fixé pour le lendemain à 6 heures du matin, on marchera sur les campements de Bou-Amema que l'on aperçoit toujours dans la plaine.

M. le capitaine Reuillon du bureau arabe de Géryville, qui connaît parfaitement la langue, la topographie et les habitants du pays, fait une perquisition dans le Ksar et n'y trouve rien de suspect; il ramène des corvées de bois et de légumes et 60 quintaux d'orge.

Le colonel écrit au général pour le prier de lui donner des nouvelles de Tiaret, l'agha Si-Sahraoui craint une insurrection dans son aghalik, ses cavaliers sont inquiets et remuants, il ne compte vraiment que sur une soixantaine d'entre eux, l'agha Si-Kaddour-ould-Adda, plus pessimiste, ne compte que sur vingt.

Le 23 mai.

DE CHELLALA-DAHRANIA A CHELLALA-GUÉBLIA

EN PASSANT PAR HADJERA, CAMPEMENT DE BOU-AMEMA.
30 KILOMÈTRES.

A peine le camp est-il levé que l'on voit Bou-Amema lever le sien, néanmoins on se dirige sur lui, et après une marche difficile, on arrive à 11 heures sur son campement qu'il vient d'abandonner.

Le goum de Si-Sahraoui fait un prisonnier qui confirme les pertes considérables de l'ennemi et dit que le marabout s'est dirigé vers l'est.

Après une heure de repos, la colonne se remet en marche dans cette direction et revient à 4 heures à Chellala-Guéblia après avoir décrit un grand cercle autour du Djébel-Brahim sans avoir pu joindre Bou-Amema que nos colonnes sont impuissantes à atteindre et qui refuse le combat.

La colonne campe à 700 mètres du ksar, on

dit que Bou-Amema qui est décidément insaisissable, est revenu sur ses pas et s'est arrêté à 12 kilomètres au delà de ce point.

Le ksar, entouré de grands jardins, est construit sur une petite colline d'où s'échappe une source abondante d'excellente eau.

Les goumiers envahissent le ksar, pénètrent partout avant l'arrivée de la colonne et commettent des actes de rapine et de violence sur les habitants à la suite desquels quelques coups de feu partent des jardins au moment où les corvées d'eau de la troupe arrivent à la source.

La grand'garde de la face correspondante du camp y répond avec vivacité, il y a évidemment méprise, le colonel fait exécuter les sonneries de *Cessez le feu* et de la *retraite*.

Le feu cesse complètement, et le colonel envoie le caïd terrifié dans son ksar avec l'ordre de ramener au camp tous les hommes qui l'habitent, portant toutes les armes qui s'y trouvent.

Si dans un quart d'heure ces ordres ne sont pas exécutés, les pièces d'artillerie que le colonel fait mettre en batterie détruiront le ksar.

Le caïd part au galop pour rallier son monde.

Il reparaît bientôt avec 19 hommes, vieillards, adolescents ou infirmes, armés de fusils primitifs, détraqués et incapables de rendre le moindre service, il a laissé 14 hommes pour faire respecter les femmes.

Deux compagnies, une de zouaves et une de la légion étrangère, sont envoyées par le colonel pour protéger les habitants contre les cavaliers des goums et faire en même temps des perquisitions dans le ksar sous la direction du capitaine du bureau arabe.

On ramène au camp les 14 défenseurs du ksar que le caïd y avait laissés, ces hommes et leurs armes sont également dans des conditions pitoyables.

On a trouvé, en fouillant le ksar, un revolver d'officier, un sabre baïonnette, quelques cartouches qui ont été probablement ramassés sur le champ de bataille, on ne trouve pas d'approvisionnements.

Les hommes du ksar coucheront au camp,

cinq vieillards seulement rentreront chez eux pour y maintenir l'ordre.

Le général de division vient d'envoyer ses instructions au sujet des ksours, on doit les respecter en principe, mais s'ils nous attaquent, il faut les détruire.

Or, ils nous ont ouvert leurs portes, ils nous ont fourni ce que nous leur avons demandé de vivres, leurs caïds se sont rendus volontairement et ostensiblement à la colonne en vue de l'ennemi, ils n'ont pas cessé d'écrire au commandant de la colonne et au général à Géryville pour les renseigner sur les agissements du chef des dissidents, enfin ils ont des défenseurs si misérables, si faibles, que le colonel, après avoir pris l'avis du capitaine du bureau arabe qu'il a l'ordre de consulter et qui plaide énergiquement en leur faveur, décide qu'ils seront épargnés.

Le colonel se propose de tenter cette nuit même, l'enlèvement de Bou-Amema, mais sans grand espoir de succès. Il promet 500 francs à un espion que lui procure M. le capitaine Reuillon, s'il réussit à le conduire vers deux heures du matin avec un bataillon au camp du marabout.

L'espion part à 9 heures du soir pour reconnaître le camp ennemi.

L'agha Si-Sahraoni, de son côté, envoie des éclaireurs dans la même direction.

Le commandant du bataillon de tirailleurs qui doit tenter avec le colonel la surprise du camp ennemi est prévenu ainsi que les deux aghas qui doivent couper la retraite au marabout.

Le colonel veille seul et attend le retour de l'espion et des éclaireurs qui lui apprennent tardivement que Bou-Amema a décampé dans la soirée, il est bien possible qu'il ait été averti par l'espion lui-même, car il n'y a pas un Arabe sur qui l'on puisse compter quand il est question d'attaquer le marabout.

L'enquête des bureaux arabes a établi depuis que le 23 mai, jour où le colonel voulut tenter une attaque de nuit, Bou-Amema avait, en effet, levé le camp pour se rendre à l'Oued-Douis.

Une nouvelle reconnaissance confirme le départ de Bou-Amema, et le colonel, bien convaincu qu'il est impossible de le joindre avec des goums qui ne veulent pas l'atteindre ni conserver le contact, se décide à marcher sur Assla, ksar situé au sud-ouest de Chellala et où se trouvent des magasins appartenant aux Ouled-Medj-doub que l'on peut piller, puisque cette tribu a fait défection.

Le colonel qui, d'après ses instructions, ne doit pas dépasser Chellala, enfreint les ordres reçus, mais il croit bien faire en prouvant par cette nouvelle pointe en avant, qu'il ne se hâte point de se retirer, qu'il offre toujours le combat à Bou-Amema et qu'il est prêt à se porter un peu plus tard sur Moghrar, berceau du marabout pour le détruire s'il est ravitaillé et s'il en obtient l'ordre.

D'ailleurs, il est urgent de fournir, aux frais de l'ennemi, des vivres aux goums et aux sokrars tenus de se nourrir eux-mêmes et qui, arrivés au complet épuisement de leurs provisions, meurent de faim.

Dans son rapport au général du 19 mai après le combat, le commandant de la colonne disait :

« Si l'on ne peut me ravitailler à Chellala, je me retirerai sur Géryville par Tazina, Direm

Goulita, Darba et Aïn-Zian après avoir poursuivi Bou-Amema aussi longtemps que j'aurai de quoi vivre.

Le général de division lui fait répondre par le général Collignon (dépêche n° 748) qu'il le félicite lui et sa troupe de leur belle et énergique conduite dont la lâcheté des goums et la frayeur des convoyeurs l'empêcheront peut-être de tirer toutes les conséquences. Il ajoute que « du reste le combat brillant d'El-Monalok a dû relever le moral de tous et détruire le prestige de Bou-Amema, mais qu'il serait impolitique de rebrousser chemin sur Géryville, et que la colonne doit se diriger immédiatement au nord sur Aïn-Fékarine où elle trouvera la colonne de Mallaret et un convoi de 20 jours de vivres. »

Le 24 mai.

DE CHELLALA-GUÉBLIA A ASSLA

22 KILOMÈTRES

La nuit a été calme, réveil à 4 heures.

A 5 h. 1/2, on entend quelques coups de feu dans la direction du ksar, ils proviennent de départs accidentels par suite du désarmement des goumiers par une compagnie de tirailleurs envoyée pour empêcher les déprédations.

Quatre-vingts fusils ou pistolets, appartenant en partie aux Rézaïna, car tous n'ont pas fait défection, sont rapportés et seront rendus quelques jours après à leurs propriétaires au moment où ils quitteront la colonne pour rentrer dans leurs douars.

Le caïd de Chellala-Dahrania envoie 16 sacs de ruina que le colonel a demandés pour nourrir les sokrars.

Départ à 8 heures. — Terrain difficile et sablonneux, mouvant, puis rocailleux, défilé dominé par des montagnes inaccessibles.

Les goums s'emparent d'un fou, fakir de Brézina, qui apportait à Bou-Amema des lettres des Larbas de Laghouat lui annonçant que la garnison de cette ville a subi un sanglant échec et qu'ils sont prêts à marcher avec lui.

Le camp est établi à 5 heures du soir à 1 kilomètre d'Assla. Le caïd est venu au-devant du colonel qu'il conduit avec deux officiers dans son misérable ksar, situé sur un rocher à pic au pied du quel s'étendent de grands jardins plantés de palmiers, et arrosés par des sources très abondantes.

Le commandant Schürr, au nom de ses camarades les officiers du 4e régiment de chasseurs d'Afrique, prie le colonel de ne plus s'exposer, comme il l'a fait plusieurs fois, à être assassiné en visitant, sans escorte, ces nids d'aigle où règne une sauvage et invincible haine des chrétiens.

Le capitaine Reuillon, chef du bureau arabe, se rend au ksar avec une section d'infanterie pour procéder méthodiquement à la razzia. — Les maisons et les magasins appartenant aux Ouled-medj-doub sont reconnus avec soin et seront vidés pendant la nuit si c'est possible.

Vers 9 heures du soir, une violente tempête éclate sur le camp et enlève ou renverse un grand nombre de tentes.

Le 25 mai.

RAZZIA D'ASSLA ET MARCHE D'ASSLA SUR MESSIF AVEC ARRÊT FORCÉ AU PIED DU DJÉBEL-TAELBOUNA

20 KILOMÈTRES

Réveil à 3 h. 1/2.

L'opération commencée la veille présente de

grandes difficultés. Les habitants du ksar reçoivent habituellement en dépôt dans leurs magasins, caves ou silos, les récoltes en dattes, laine, orge ou blé de plusieurs tribus émigrant tous les ans, pendant une partie de l'année avec leurs troupeaux.

Parmi ces tribus, les unes sont restées fidèles à la France, il faut respecter soigneusement leurs dépôts ; d'autres ont fourni des contingents à l'ennemi, il faut les ruiner.

M. le capitaine Reuillon a pour tout bagage une petite valise qui est remplie de documents sur le pays et contient notamment la liste des habitants d'Assla qui sont dépositaires des récoltes des révoltés, il faut les rechercher promptement, découvrir les magasins, les silos, se renseigner près de gens qui ne parlent qu'avec répugnance et une extrême circonspection, et le capitaine s'acquitte à merveille de cette tâche difficile. Les rues du ksar sont si étroites qu'un homme seul peut y pénétrer de front, il en est de même de l'entrée des magasins, dissimulée autant que possible et qui a beaucoup d'analogie avec l'ouverture d'une cheminée d'appartement.

Les corvées mettent beaucoup de temps à recueillir 36 grands sacs de laine et 40 de dattes.

Pour hâter la razzia qui n'avance pas, des sentinelles sont placées comme sauvegardes aux maisons des ksouriens qui n'ont en dépôt que les récoltes de nos alliés fidèles, on ouvre les portes de celles qui doivent être pillées, et une compagnie de tirailleurs est autorisée à enlever tout ce qui lui conviendra.

Elle s'empare de grandes jarres de beurre et de ce qui reste de dattes, puis viennent les goumiers qui emportent de deux à trois cents quintaux d'orge ; comme il en reste encore, le colonel autorise les ksouriens à s'en emparer, et donne acte au caïd de la razzia qu'il vient de faire.

A 10 h. 1/2, nouvel et violent orage.

Départ à midi pour Messif. — Le colonel autorise l'agha Si-Sahraoui, de plus en plus inquiet, à partir avec son goum pour combattre l'insurrection si elle envahit, comme il le craint, son aghalik.

Pendant que la colonne traverse une grande plaine coupée de chotts, deux orages successifs viennent l'assaillir, le deuxième est accompagné d'une trombe d'eau qui traverse tous les vêtements et transforme en un instant la plaine en un lac immense et boueux dont on ne peut voir le fond, les hommes ont de l'eau jusqu'à mi-jambes.

La colonne, renonçant à gagner Messif, arrive difficilement sur les premières pentes du Taelbouna et s'y installe à six heures du soir par la pluie et dans une obscurité déjà profonde.

On ne peut faire ni distribution ni feu ; beaucoup d'officiers et d'hommes renoncent à se coucher sur un terrain détrempé et sillonné de cascades.

Le 26 mai.

D'UN CONTREFORT DU DJÉBEL-TAELBOUNA

A NAAMA PAR MESSIF.

27 KILOMÈTRES

Le temps qui a été affreux toute la nuit, s'éclaircit le matin, les hommes peuvent allumer les feux, prendre le café et se sécher, le terrain devient praticable.

La colonne part à 8 h. 1/2 et marche dans la direction de Messif et de Naama,

A 10 heures, la colonne traverse avec d'assez grandes difficultés mais sans accident grave et très gaîment l'Oued-Messif, torrent large de 20 mètres environ, profond de 60 à 80 centimètres, rapide, à bords escarpés et à fond rocheux, elle s'engage ensuite dans un terrain détrempé et enfin dans des dunes de sable en faisant un grand détour pour éviter le chott de de M'ta-Naama qui est rempli d'eau.

A 6 heures du soir, la colonne campe à 3 kilomètres de Naama.

Dans la nuit, vers une heure du matin, M. le sous-lieutenant Scalier de la légion étrangère, jeune officier plein de bonté, de mérite et d'avenir, fait une ronde aux avant-postes et voit un Arabe couché par terre, d'après le dire d'une sentinelle; il l'interpelle sans avoir la précaution de le coucher en joue avec son revolver. L'Arabe se relève et le tue à bout portant d'un coup de pistolet.

Presque en même temps, sur la face opposée du camp, un zouave est frappé à mort par une balle arabe.

Malheureusement M. Scalier avait négligé de se faire accompagner. Les petits postes et les grand'gardes firent de vaines recherches pour retrouver les meurtriers, et au jour, on reconnut les traces de cinq maraudeurs qui avaient cherché à s'introduire dans le camp.

Le 27 mai.

DE NAAMA A AÏN-TOUADJEUR

25 KILOMÈTRES.

Départ à 6 heures, arrivée à 2 heures, mauvais bivouac, eau saumâtre et légèrement sulfureuse.

Enterrement de M. le sous-lieutenant Scalier et du zouave tués pendant la nuit. Tous les officiers et beaucoup d'hommes y assistent.

Le colonel leur adresse, au nom de tous, les derniers adieux.

Le 28 mai.

D'AIN-TOUADJEUR A MÉCHERIA ET DRA-EL-AOUD.

24 KILOMÈTRES.

Départ à 6 heures, on laisse Mécheria à deux kilomètres à l'ouest.

On fait une grande halte de 3 heures, et on repart pour camper à Dra-el-Aoud, au pied du Djébel-Antar.

Le 29 mai.

DE DRA-EL-AOUD A AÏN-FÉKARINE

20 KILOMÈTRES.

Le colonel de Mallaret, une partie de ses officiers et un goum de 200 cavaliers des Beni-Matar viennent au-devant de la colonne et l'accueillent avec la plus franche et la plus cordiale amitié.

Le camp est installé à côté de celui du colonel de Mallaret, qui offre aux officiers de la colonne qui arrive et qui sont dénués de tout, un litre de vin par tête, à titre remboursable, à prélever sur les approvisionnements de sa colonne.

Sur la proposition du colonel Innocenti, tous les officiers placés sous ses ordres, abandonnent avec empressement un quart de leur ration aux blessés et aux fiévreux de l'ambulance.

Les deux colonnes fêtent gaiement leur réunion.

Le 30 mai.

SÉJOUR A AIN-FÉKARINE

Le colonel Innocenti reçoit, avec un sentiment de vive reconnaissance, la dépêche suivante du général de division Cérez, commandant supérieur de la province d'Oran :

« *A faire parvenir au colonel Innocenti, par* « *le premier cavalier envoyé à Fékarine.*

« Je suis soulagé d'un grand poids en vous « sachant à Fékarine.

« Vous avez tenu autant que possible, fait « preuve d'énergie et d'un moral digne d'éloge.

« Vous avez été bien secondé par vos excel- « lentes troupes. Les effets de votre combat et « de l'attitude de votre colonne se font sen- « tir. »

Le 31 mai.

DE FÉKARINE A BIR-EL-AMRA

28 KILOMÈTRES.

Les deux colonnes marchent de conserve ; à Bir-el-Amra, elles trouvent le général Détrie envoyé par le ministre, et son escorte campant près du chott.

Le général prend le commandement des deux colonnes.

L'eau manque, on partira le lendemain pour le Kreider.

Le 1er juin.

DE BIR-EL-AMRA AU KREIDER

18 KILOMÈTRES.

Les colonnes font un grand détour pour tourner en partie le chott qui est devenu un lac et s'installent au bivouac dans de bonnes conditions.

L'ordre général suivant est envoyé au colonel Innocenti.

Ordre général :

Au quartier général à Alger, le 24 mai 1881.

La colonne Innocenti est citée à l'ordre du jour du corps d'armée.

Notre colonne de Saïda vient de remporter un important succès sur les contingents de Si-Bou-Amema, le chef de l'insurrection actuelle.

Elle a rencontré cinq mille hommes de ses contingents le 19 mai à Tazina (le combat a pris depuis le nom de Chellala) à 12 kilomètres à l'est des Ksours de Chellala, et malgré la supériorité de leurs forces, elle les a mis en déroute

Le combat a été remarquable : les fantassins ennemis se sont portés contre nous avec une grande hardiesse et une confiance extrême.

Ils ont commencé à essuyer le feu de notre infanterie quand ils se sont trouvés à mille mètres, mais, fanatisés par la présence du marabout, ils ont continué à s'avancer, et ce n'est que lorsqu'ils étaient à cent mètres, lorsque nos soldats s'apprêtaient à les charger à la baïonnette, qu'ils ont fait demi-tour et se sont enfuis rapidement en laissant plus de 300 morts sur le terrain.

Le surlendemain, la colonne occupait les deux Ksours de Chellala et forçait Si-Bou-Amema à reculer vers l'ouest.

Ce succès consolide notre autorité dans le sud-ouest de nos possessions, il ébranle le prestige de Si-Bou-Amema et venge l'assassinat du lieutenant Weinbrenner. Il donne aussi une nouvelle preuve de la mobilité de nos troupes d'Afrique.

Partis de Mostaganem et d'Oran, nos bataillons parvenaient, 20 jours après, à atteindre l'ennemi à plus de 400 kilomètres de leur point de départ.

Un pareil résultat est dû en grande partie au général Cérez commandant la division d'Oran qui a su, en quelques jours, organiser quatre colonnes pour couvrir le Tell de sa division et lancer la colonne de Saïda au milieu des populations insurgées.

Quant au colonel Innocenti et aux braves soldats de sa colonne, ils trouveront une éclatante récompense de leurs efforts dans les paroles suivantes que m'adresse M. le ministre de la guerre et que je suis heureux de leur faire parvenir.

« Transmettez au colonel Innocenti mes félicitations sur cette affaire importante, les troupes ont infligé une rude leçon aux Trafis, leur conduite glorieuse dans cette journée mérite tous les éloges.

Le Président de la République désire qu'on leur en exprime toute sa satisfaction.

Le général commandant le XIX° corps d'armée,
OSMONT.

Le 2 juin 1881 et les jours suivants.
SÉJOUR AU KREIDER.

Le général Détrie reçoit l'ordre de former une nouvelle colonne dont il puisera les éléments dans les colonnes Mallaret et Innocenti et dont il prendra lui-même le commandement.

De nouveaux ordres, émanant du ministre de la guerre, prescrivent au général Détrie de prendre le commandement de la colonne Innocenti qui, en raison de son importance, comporte pour chef un officier général.

Le colonel Innocenti fait ses adieux aux troupes de la colonne qu'il a eu l'honneur de commander par intérim pendant vingt jours.

Camp du Kreider, le 3 juin 1881.

Ordre général

—

« Au moment de quitter le commandement de la « colonne pour le remettre entre les mains de Mon-

« sieur le général Détrie, je vous remercie de tout mon « cœur, mes chers camarades et mes braves soldats « de toutes armes, de vôtre concours dévoué.

« C'est à votre valeur, à votre discipline parfaite « que sont dus le beau succès remporté au combat « d'El-Monalok (Chellala) et la lettre de félicitation « qui a été adressée par le Président de la République « et le Ministre de la Guerre aux troupes de la colonne « pour ce fait de guerre qui a été mis à l'ordre du « corps d'armée.

« L'autorité militaire a bien voulu reconnaître aussi « que la pointe rapide que nous avons opérée dans le « sud sur ma demande, a eu un résultat heureux sur « l'ensemble des opérations.

« Ces services rendus à la colonie en quelques jours « et qui vaudront à plusieurs d'entre vous des récom« penses méritées, laisseront le meilleur souvenir dans « le cœur de chacun de nous, celui du devoir ac« compli.

« Je reprends ma place dans vos rangs, et je m'es« time heureux de ne pas vous quitter, car nous allons « nous appliquer à mieux faire encore. »

Colonel INNOCENTI.

M. le général Détrie fait paraître successivement les deux ordres suivants :

Ordre général n° 5

—

Le général de brigade, en reconstituant la colonne de M. le colonel Innocenti sur d'autres bases, tient à exprimer à cet officier supérieur toute sa satisfaction pour la bonne direction qu'il a su imprimer à la marche générale de tous les services et pour le bon état physique et moral dans lequel il lui remet ses troupes.

Général DÉTRIE.

Ordre général n° 6

—

En exécution d'un télégramme de M. le général de division en date du 3 juin, M. le colonel Innocenti est désigné pour remplacer dans le commandement de la subdivision de Mascara M. le général Collignon d'Ancy mis en disponibilité.

Le général de brigade ne veut pas laisser partir M. le colonel Innocenti sans lui exprimer de nouveau ses éloges pour le zèle, l'activité et le dévouement qu'il a montrés depuis qu'il commande la colonne de Géryville.

C'est avec regret qu'il voit s'éloigner de lui un auxiliaire qui lui aurait certainement beaucoup facilité sa mission.

Général DÉTRIE.

Le 5 juin.

DU KREIDER A MOSBAK ET MASCARA

Le colonel Innocenti part à 5 heures du matin pour Mosbak avec le personnel de la subdivision et un escadron d'escorte.

Il a l'honneur et la joie de voir assister à

son départ, le général Détrie, le colonel de Mallaret, les chefs de corps et de détachements et un grand nombre d'officiers des deux colonnes, qui veulent bien lui donner les témoignages les plus vifs d'estime et d'affection.

Le lendemain matin, il arrive à Mascara où il prend le commandement de la subdivision, commandement qu'il exerce à peu près constamment depuis six ans en remplissant l'intérim de cinq généraux qui s'y sont succédé, et il a la surprise et la douleur d'apprendre qu'il est en butte aux attaques les plus inexplicables et les plus imméritées de la presse sans qu'il puisse se défendre, parce qu'il lui est interdit, comme à tous les militaires, d'écrire dans les journaux.

Mais il n'y a pas lieu, dans cette monographie militaire, d'aborder un sujet tout personnel que le général Innocenti a traité dans la première partie de cet ouvrage, il suffit de faire observer, en terminant, que l'insurrection de 1881 dans le Sud-Oranais a été victorieusement combattue et définitivement éteinte par le colonel Innocenti.

Le combat de Chellala a été la seule action

de guerre importante du Sud-Oranais à cette époque, et il a infligé des pertes si sensibles à Bou-Amema, que les contingents de cet agitateur ont refusé à partir de ce combat, d'entrer en lutte avec les six ou sept colonnes qui l'ont poursuivi avec autant de vigueur que d'intelli gence.

« Après Chellala, dit le rapport sur l'enquête « des bureaux arabes, Bou-Amema n'a plus « agi en sultan, en chef de guerre, mais en « brigand.

« Grâce à l'admirable légèreté de sa colonne, « il a pu se glisser entre les partis ennemis, « tuer quelques alfatiers espagnols, piller « quelques silos d'orge, mais il n'y a plus eu « de combats sérieux, et le chef de l'insurrec- « tion de 1881, dépouillé de tout prestige à la « suite de sa défaite, s'est retiré dans l'extrême « Sud où il n'est plus à craindre. »

La parfaite tranquillité dont jouit l'Algérie depuis 12 ans est la meilleure preuve de l'exactitude de cette appréciation.

Fouligny, le 19 juillet 1893.

Général J. Innocenti

LETTRE DE SI-KADDOUR-OULD-ADDA

Traduction

A Monsieur le colonel Innocenti, *commandant le 4e régiment de chasseurs d'Afrique.*

Après les salutations d'usage.

J'ai l'honneur de vous accuser réception de votre lettre que j'ai parfaitement comprise.

Je me rappelle parfaitement l'ordre que vous avez donné aux aghas, à moi et à Si-Kaddour-ben-Sahraoui des Harrars (Tiaret), ordre que vous nous avez donné de vive voix et par écrit, un ou deux jours avant le combat de Chellala *(et rappelé avant l'attaque par l'entremise de M. l'interprète militaire Bonello qui se le rappelle parfaitement et en témoigne par lettre).*

Vous nous avez recommandé, si nous ne pouvions résister, de ne pas nous jeter sur la colonne, mais d'entraîner l'ennemi sous ses feux en nous écoulant le long de ses flancs et en continuant de tirer sur les dissidents pour les mieux désigner aux coups des Français.

Dieu a voulu que mon goum ne m'obéisse pas et que malgré mes ordres et mes efforts il se jette dans votre carré en y entraînant l'ennemi.

Je le regrette vivement, car je suis un vieux et fidèle allié de la France, et j'ai souvent versé mon sang pour elle.

Vous me demandez à combien j'estime les pertes des Arabes au combat de Chellala. Je crois d'après ce que j'ai vu et d'après mes informations qu'on a tué de quatre à cinq cents hommes à l'ennemi et qu'on lui a inspiré une si grande terreur des Français qu'il n'a plus osé les attaquer depuis.

Salut !

Fait le 20 janvier 1882.

Signé : Si-Kaddour-ould-Adda,
agha des Yaagoubia de Saïda,
commandeur de la Légion d'honneur.

Suit l'empreinte de son cachet

POUR TRADUCTION CONFORME

L'interprète militaire,
Ed. Guérin.

Le docteur de Balthasar, médecin aide-major au 4e régiment de chasseurs d'Afrique au colonel Innocenti en permission à Paris.

Mascara, le 8 mars 1892.

Mon Colonel,

Permettez-moi de répondre pour le caïd de Chellala-Guéblia trop malade pour vous écrire.

Il m'a affirmé lors de mon dernier passage à Chellala en décembre 1881 qu'au combat de Chellala livré le 19 mai les Arabes insurgés avaient eu de cinq à six cents tués.

J'ai l'honneur...

DE BALTHASAR.

FIN

INTRODUCTION

A

L'APPRÉCIATION IMPARTIALE

Du combat de Chellala

du 19 mai 1881

A l'époque où j'ai obtenu une permission d'un mois pour me rendre de Mascara en France, j'ai reçu une lettre de mon lieutenant-colonel et ami qui est aujourd'hui M. le général comte d'Orcet.

Je me permets de placer cette lettre comme introduction, en tête de l'opuscule intitulé : *Appréciation impartiale du Combat de Chellala* — qui a été mis à ma disposition en 1882 quand je commandais éventuellement la subdivison de Mascara par son auteur, M. le capitaine Graulle, excellent officier, ayant une parfaite connaissance des affaires indigènes et qui a collaboré à l'enquête officielle faite par les bureaux arabes pour établir les responsabilités.

Ce document écrit d'un jet et qui n'a même pas été recopié par l'auteur, ne relatant que des faits qui ont été établis par l'enquête publiée officiellement il y a douze ans, je ne me fais plus aucun scrupule de le reproduire en remerciant de nouveau M. le major Graulle du sentiment généreux qui lui a inspiré ce travail.

Général INNOCENTI

4e RÉGIMENT DE CHASSEURS D'AFRIQUE

LE LIEUTENANT-COLONEL D'ORCET

AU COLONEL INNOCENTI

Mascara, le 31 mars 1882.

Mon colonel,

Le général m'a fait appeler aujourd'hui pour me donner communication verbale de renseignements qu'il aurait été heureux de vous communiquer à vous-même (s'ils lui étaient parvenus avant votre départ), parce qu'ils sont de nature à vous intéresser vivement, ayant trait aux résultats du combat de Chellala.

Ces renseignements seront rendus publics, puisqu'ils sont recueillis par une enquête officielle faite dans le but de rechercher les causes multiples de la rébellion, ainsi que les agissements et les responsabilités des divers chefs des dissidents, et le général estime qu'alors il ne pourra plus y avoir de doute sur les résultats de ce combat qui a été défiguré dans les récits de la presse, soit par ignorance, soit par une malveillance inexplicable ; il tenait à vous faire savoir que tous les renseignements recueillis jusqu'à ce jour par les bureaux arabes tendent à confirmer toutes vos appréciations, tant sur les pertes que vous avez infligées aux dissidents que sur l'effet moral produit sur eux par une affaire que des esprits égarés ont voulu considérer comme un échec.

Le général ne pouvait vous écrire à cet égard, parce que la position qu'il occupe aurait donné à une lettre signée de lui un cachet officiel et qu'il ne croit pas avoir le droit de communiquer officiellement des renseignements sur des faits relevés dans une enquête qui n'est pas encore terminée et qui doit, avant tout, parvenir au général en chef.

Comme je pense qu'il vous sera agréable de voir poindre les premières lueurs de l'aurore du jour de la justice, je me fais, sans retard, le traducteur du général.

Les déclarations de tous les dissidents qui rentrent sont d'accord pour signaler des pertes très graves éprouvées à Chellala, par les gens de Bou-Amema et un grand découragement causé par les résultats désastreux pour eux de ce combat.

Plusieurs ont déclaré particulièrement que lorsque le marabout s'est trouvé en présence du colonel Brunetière, il avait avec lui des forces imposantes (1,800 cavaliers et 4 à 5 mille hommes de pied) et voulait attaquer, mais tous les chefs, sans exception, se sont opposés à un combat, disant qu'après le désastre qu'ils avaient éprouvé à Chellala, ils ne pouvaient plus décider leurs hommes à aborder de front les troupes françaises et qu'il fallait se borner à harceler les convois et à les couper si cela était possible et surtout à razzier les tribus restées fidèles à la France.

Lorsque l'enquête des bureaux arabes sera terminée et que ses résultats seront publiés, les calomnies dont vous avez été la victime ne pourront tenir debout, et vous éprouverez à votre avantage un de ces revirements de l'opinion publique qui sont si fréquents dans notre pays et souvent si extrêmes.

La justice marche *pede claudo*, mais elle arrive toujours.

Veuillez agréer, mon colonel, l'hommage de tous mes sentiments respectueux et affectueusement dévoués.

D'Orcet.

APPRÉCIATION IMPARTIALE

Du combat de Chellala

du 19 mai 1881.

La lumière sur le combat de Chellala ne s'est pas encore faite : 1° Parce que la passion politique s'en est mêlée ; 2° parce que des théoriciens militaires ont voulu y trouver des argments en faveur des systèmes qu'ils préconisent.

Ces derniers oublient que la guerre d'Afrique ne ressemble pas à celle d'Europe, et que tel dispositif de combat, bon aujourd'hui à cause de la composition des forces ennemies, ne vaudrait plus rien demain, parce que les circonstances ne seront plus les mêmes.

Dans l'état actuel, pour savoir si le combat de Chellala a été un succès ou une défaite, il faut chercher la vérité dans les actes mêmes des deux adversaires, dans ce qu'ils ont fait après le combat, et non dans ce qu'il a été dit ou écrit à ce sujet.

Quand la passion intervient dans une enquête, il faut négliger les témoignages et ne s'appuyer que sur des faits matériels, indiscutables, si l'on veut connaître la vérité.

C'est ce que je vais faire.

Je n'attaque et ne *défends* personne. *Il est évident qu'après un combat, la conduite du vainqueur diffère de celle du vaincu.*

Le 19 mai, Bou-Amema et le colonel Innocenti se trouvent en présence à environ 15 kilomètres à l'est de Chellala.

Ils sont décidés à combattre énergiquement et ne doutent du succès ni l'un ni l'autre.

Le colonel a pour lui l'avantage de la tactique et la supériorité de son armement.

Le marabout a pour lui la supériorité numérique de ses contingents et la confiance aveugle qu'ils puisent dans leur fanatisme.

Le prophète ne permettra certainement pas que de bons musulmans soient battus par des infidèles; il fera plutôt un miracle en leur faveur :

la poudre des chrétiens ne partira pas et leurs balles se changeront en eau.

Etant données ces dispositions d'esprit des combattants et la conviction profonde qu'ils ont les uns et les autres d'être vainqueurs, le choc sera terrible et la lutte excessivement sanglante.

C'est en effet ce qui eut lieu.

Je ne raconte ni le combat ni ses différents épisodes, et je ne relate pas davantage les dispositions qui furent prises. Tous ces détails sont sujets à discussion, et je ne veux connaître qu'une chose : oui ou non le colonel a-t-il été vainqueur? — A-t-il obtenu un succès médiocre ou sérieux?

La conduite des deux adversaires après le combat va me le dire.

Le combat dura environ vingt minutes avec une intensité extrême et en tout deux heures.

Ce fut le colonel Innocenti qui resta maître du champ de bataille et le marabout qui fut obligé de fuir.

Voici les pertes :

Du côté du colonel :

37 tués, 16 blessés, 15 disparus.

Il y eut de plus un peu de désordre dans le

convoi *par suite de la lâcheté et de la trahison des convoyeurs et des goumiers.*

Mais on peut affirmer que le colonel ne laissa entre les mains de l'ennemi ni un chameau ni une caisse à biscuit.

Du côté des rebelles, nous comptons 300 morts au moins et le double de blessés.

Ces chiffres ne sont pas exagérés; un détail nous le prouve.

Bou-Amema avait avec lui 20 ou 25 membres de sa famille (les Oulad Bou Douaïa). Sur le nombre, 12 tombèrent à Chellala. Leurs cadavres tenaient dans un emplacement qui n'avait pas deux ares de superficie.

Il fallut au colonel un certain temps pour réparer le désordre obligé de la lutte. Aussi, comme la journée avançait et que Chellala était encore à une quinzaine de kilomètres, il alla camper à Tazina qui n'était qu'à 1 heure 1/2 de marche et y séjourna le lendemain 20, pour donner quelque repos à ses troupes.

Voici les itinéraires des deux adversaires.

DATES	COLONEL	BOU-AMEMA
19 au soir.	Tazina.	Aïn-ben-Nadja. 6 kil. au sud de Chellala-Guéblia.
20	Même campement que le 19.	Même campement que le 19.
21	Chellala-Dahrania.	Aïn-El-Ardja 12 kil. au S.-O. du point précédent.
22	*Id.*	*Id.*
23	Chellala-Guéblia.	Bou-Amema, fort ennuyé de voir le colonel parcourir en maître les Ksours de Chellala-Dahrania, de Chellala-Guéblia et d'Assla, veut lui faire abandonner la région et, dans ce but, marche vers l'Est, espérant l'entraîner à sa suite. Il va donc les 23 et 24 à l'Oued-Douis.
24	Assla.	

Cette ruse n'ayant pas réussi, l'agitateur revient à l'Ouest et campe le 25 à Ang-el-Mésarig, entre Bou-Semghoun et Assla, le jour même où le colonel razzie ce ksar, malgré ses instructions qui lui prescrivaient de ne pas dépasser Chellala.

De ce qui précède, je suis en droit de conclure

que du 20 au 25 mai, le colonel agit en vainqueur et Bou-Amema en vaincu.

Le 25 mai, le colonel quitta par ordre la région des ksours pour venir se ravitailler au Kreider.

Le marabout songea alors à se rendre, lui aussi, dans le Tell, pour y faire des razzias d'orge.

Son objectif est le cercle de Saïda; mais il se garde bien de suivre la route directe pour s'y rendre, parce que cette route le laisse dans le voisinage de la colonne Innocenti *et que ce voisinage lui fait peur*. Il préfère donc faire un grand détour dans l'espoir qu'il ne trouvera aucune colonne française sur son passage.

Le 30 mai, Bou-Amema passe en vue de Géryville et refuse le combat que deux compagnies de la légion, sorties de la place, viennent lui offrir.

Franchement, peut-on admettre que Bou-Amema, s'il avait été vainqueur, ou même s'il n'avait éprouvé qu'un insuccès relatif à Chellala, eût reculé devant ces deux compagnies?

La chose est d'autant moins admissible *qu'il avait prédit la prise de Géryville*.

Arrivé dans la vallée de l'Oued-Sidi-Naceur, le marabout presse les Lagouat d'Aflou qui viennent de faire défection, de lui envoyer leurs contingents, et il va les attendre à Krencg-es-Souck.

Le 7 juin au soir, il apprend que les Laghouat sont en route pour le rejoindre, mais il apprend en même temps qu'une colonne, celle du général Détrie, qui a remplacé le colonnel Innocenti marche sur lui.

Il craint le danger et va camper le 8 juin à Oglat-El-Askoura.

Là, il ne se trouve pas encore en sûreté, car la colonne Détrie marche toujours et il a devant lui (20 kil. S.-E. de Madrissa) une autre colonne, celle du colonel Brunetière.

Le marabout, s'il avait voulu attaquer une de ces colonnes, n'aurait eu que l'embarras du choix.

Mais au lieu de demander son succès à la force, il préfère l'obtenir par la ruse ou plutôt par la rapidité de sa marche.

Il se rend donc d'une seule traite à Tircine et y arrive le 10 juin au matin, après avoir franchi 100 kilomètres en 24 heures.

Ce qu'il y a de plus grave dans la conduite du marabout en cette circonstance; c'est que le danger que lui faisait courir le voisinage de la colonne Détrie, l'effraya tellement qu'il quitta Oglat-El-Askoura, *sans se soucier de ce que deviendraient ses alliés, les Laghouat, à qui il avait cependant donné rendez-vous dans la vallée de l'Oued-Sidi-Naceur.*

Aussi ces derniers, en arrivant le 10 juin à Mekam-Sidi-Cheick, se trouvaient-ils face à face avec la colonne Détrie qui les poursuivit vivement.

Que dirait-on d'un chef français qui, appelant une colonne à son secours, déserterait le rendez-vous sans en avertir cette colonne, parce qu'il craindrait le voisinage de l'ennemi ?

De Tircine, le marabout va à El-Aouidj, 30 kil. est de Tafaroua où il se repose les 11 et 12 juin et pille les chantiers d'alfa. A ce moment, il est très loin de toute troupe française.

Le 13 juin, il va camper à El-May.

Le 14, il veut regagner le Sud par Sfissifa, mais il apprend qu'une colonne (celle du commandant Dufilhol) est dans cette région et juge prudant de l'éviter. Il va donc camper à la Dagat-El-Kerch.

Le 15, il veut continuer sa route par le Kreider, mais il trouve ce passage gardé par la colonne Mallaret et il l'évite en obliquant à l'Ouest.

Il arrive à Chaib où il n'a plus à craindre aucune troupe française.

Alors il traverse le Chott et gagne par Fékarine et Touadjeur ses campements du Sud.

Ainsi, à Chellala, nous voyons le marabout *plein de confiance en lui-même* aborder franchement la colonne Innocenti et lui livrer un combat sanglant.

Après le combat, le marabout n'est plus le même homme, et nous le voyons successivement *éviter la lutte* :

1° Avec 2 compagnies de la légion;

2° Avec la colonne Détrie à laquelle il sacrifie même les Laghouat;

3° Avec la colonne Brunetière;

4° Avec la colonne Dufilhol;

5° Avec la colonne de Mallaret.

Que conclure de la métamorphose du marabout, sinon que le combat de Chellala a laissé dans son esprit le souvenir d'une défaite sanglante?

On me répondra peut-être que Bou-Amema n'a plus voulu combattre nos colonnes après Chellala, parce qu'il n'en a pas eu besoin pour réussir son coup de main dans le Tell.

Ce raisonnement est très spécieux.

Je ferai remarquer, en effet, que Bou-Amema n'a pas levé l'étendard de la révolte *uniquement pour venir piller quelques quintaux d'orge à Tircine ou massacrer quelques alfatiers sur les hauts plateaux.*

Son but était de nous chasser de l'Algérie en déterminant une insurrection générale dans le Tell. Mais, pour arriver à ce résultat, il était obligé de faire *acte de sultan*, c'est-à-dire de remporter un succès. C'est ce qu'il a tenté à Chellala, mais le résultat a été si déplorable pour lui, qu'il n'a plus osé renouveler l'expérience *malgré les grands avantages qu'aurait apportés à sa cause un succès même médiocre.*

Cependant j'admets que je me trompe et que réellement Bou-Amema n'a plus voulu attaquer d'autre colonne, parce qu'il n'en avait pas besoin pour la réussite de son coup de main dans le

Tell. Mais alors comment expliquer sa conduite lors de la seconde incursion?

Voici comment les choses se sont passées :

Parti de Touadjeur le 6 juillet, Bou-Amema arriva le 7 à Fékarine, le 8 à El-Amra et le 9 à Bedrous.

Pendant cette marche du 8 au 9, il fit observer par 300 de ses cavaliers un bataillon de tirailleurs campé au Kreider.

Ces 300 cavaliers attaquèrent même une section d'infanterie que le commandant Jacquet envoya à leur rencontre. Ils lui tuèrent dans une charge impétueuse un officier, en blessèrent un autre ainsi que cinq hommes.

De leur côté, les cavaliers ennemis eurent quatre morts et cinq blessés.

De Bedrous, Bou-Amema voulut aller camper à Khadra, mais apprenant qu'un convoi escorté de 2 compagnies et d'un escadron sous les ordres du commandant Dufilhol campait dans ces parages, il fit un mouvement rétrograde et ne traversa que de nuit, du 9 au 10, ce passage dangereux.

Le 11, il arriva à Saouze après être passé à El Hamiat-Cherguia. Le marabout avait pour objectif les silos des Harrar de Tiaret qui se trouvent au pied du Nador.

A Saouze, il apprit qu'une colonne (colonel Brunetière) se trouvait devant lui à Medrissa. Cette nouvelle refroidit le zèle de ses partisans, *et on discuta sérieusement s'il ne valait pas mieux s'en retourner dans le Sud.* Le marabout, pour rassurer ses gens, leur promit qu'il ne combattrait pas la colonne et qu'il l'éviterait par une marche rapide.

Le **12**, il arriva à Sidi-Abderrahman, et le **13**, il passa en effet *sans combattre* devant la colonne qui se trouvait à Medrissa.

L'agitateur avait compté sans le goum des Harrar. Avant d'arriver aux silos, il trouva tout ce goum qui lui barrait la route. Il fallait donc les combattre, ce qui allait retarder la marche et donner à la colonne française, qui marchait très rapidement, le temps d'arriver.

Bou-Amema préféra reculer. Sa fuite fut même si précipitée qu'il laissa beaucoup d'animaux en route. Il vint camper le **14** à Sidi-Abderrahman, le **15** à Saouze et le **16** à El Hamiat-Cherguia.

Là, il tint conseil avec ses cavaliers. *Il leur représenta le mauvais effet que produirait dans le*

Sud leur arrivée les mains vides, et les engagea à pousser une pointe dans le Tell, chez les Hassasna ou les Ouled Kraled qui sont très riches en grains.

Les contingents de l'agitateur allaient suivre ce conseil quand ils apprirent qu'une colonne (colonel Swiney) était campée depuis la veille, à l'Oued-Foufot. Alors ils n'hésitèrent plus et continuèrent leur retraite vers le Sud.

Ils aimèrent mieux rentrer chez eux les mains vides que de combattre une colonne française.

On voit donc que depuis le combat de Chellala l'agitateur avait perdu toutes ses illusions, toute son audace.

Du reste, je dois dire qu'au début, le combat de Chellala fut considéré comme un succès très sérieux par tout le monde.

Ce n'est qu'après les massacres des chantiers qu'on commença à discuter ce combat. Il se changea d'abord en succès médiocre, puis en véritable défaite.

Voici la véritable cause de ce changement. Il fallait à l'opinion publique vivement surexcitée par les massacres de Saïda, une victime responsable, et on choisit le colonel Innocenti.

Comment, lui cria-t-on de toutes parts, vous prétendez avoir battu le marabout, alors que vous ne l'avez pas arrêté dans sa marche et que, quelques jours après Chellala, il est venu commettre d'épouvantables cruautés dans le Tell ?

La réponse que pouvait faire le colonel est bien simple.

La voici :

« Je commandais une colonne très forte, il « est vrai, mais peu mobile et j'avais affaire à « un adversaire excessivement rapide.

« Je l'ai battu très sérieusement à Chellala, et « c'est fort heureux pour nous, car à son début, « l'insurrection avait tous les caractères d'une « guerre sainte.

« Ce qui le prouve, *c'est la façon déplorable « dont mes 1,400 goumiers se sont conduits.*

« Avant Chellala, ils se demandaient très « sérieusement si Bou-Amema n'était pas un « sultan envoyé par Dieu pour les délivrer du « joug des chrétiens.

« Ils n'osèrent le combattre et lâchèrent pied « sans presque tirer un coup de fusil.

« Après Chellala, Bou-Amema ne fut plus

« qu'un vulgaire agitateur, et à partir de ce « moment, ils firent leur devoir.

« Je puis donc dire qu'à Chellala j'ai tué la « guerre sainte et que j'ai rendu ainsi un grand « service à la colonie.

« Je n'ai pu, il est vrai, empêcher l'agitateur « de venir dans le Tell, parce que ses contingents « étaient beaucoup plus rapides que nos troupes. « Ils ont prouvé qu'ils pouvaient faire jusqu'à « 100 kilomètres par jour.

« Viendrait-il à l'idée d'accuser un marin « d'incapacité, parce qu'avec un vaisseau cui- « rassé ne filant que dix nœuds, il n'aurait pu « atteindre un corsaire marchant 15 nœuds?

« Je me suis trouvé dans le cas de ce marin, « et d'ailleurs j'étais à bout de vivres et rappelé « par ordre dans le Nord pour me ravitailler ; « sans cela, je n'aurais pas cessé de poursuivre « Bou-Amema.

La première incursion de l'agitateur nous a prouvé que nos colonnes étaient trop lourdes. Aussi, depuis lors, on a donné aux troupes, des mulets qui portent les sacs et sur lesquels nos soldats peuvent même monter une partie de l'étape.

Grâce à ce système, on est arrivé à leur faire faire 50 ou 60 kilomètres par jour, ce qui leur permet de lutter de vitesse avec les dissidents, surtout lorsqu'ils sont embarrassés de leurs campements, et cependant pas une seule des nombreuses colonnes qui ont poursuivi Bou-Amema pendant toute la campagne, n'a pu l'atteindre, seul, le colonel l'a battu.

VOILA TOUTE LA VÉRITÉ

Le Capitaine chef du bureau arabe de Mascara,

Signé : GRAULLE.

Mascara, mai 1882.

www.ingramcontent.com/pod-product-compliance
Ingram Content Group UK Ltd.
Pitfield, Milton Keynes, MK11 3LW, UK
UKHW021055230726
13926UKWH00004B/1856